中共四川省委宣传部
四川省新闻出版广电局
四川省全民阅读活动指导委员会办公室

组织编写

让阅读成为一种生活方式

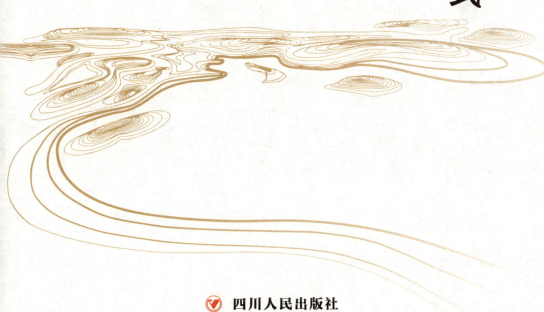

四川人民出版社

我爱好挺多，最大的爱好是读书，读书已成为我的一种生活方式。

——习近平

让阅读
成为一种生活方式

CONTENTS

LET READING
BECOME
A WAY OF LIFE

让阅读成为一种生活方式

第一章

书籍是人类进步的阶梯

书籍的起源和发展

公元105年的一天，在东汉帝国皇宫的一个房间里，一个人用微微颤抖的手小心地把一张纸从席子上揭下来，提笔、沾墨，在纸上工整地写下了几个汉字。"这才是我想要的纸。"他的声音里充满了抑制不住的兴奋。他叫蔡伦，是当时的尚方令，是下决心要让纸不再昂贵的人。蔡伦和匠人用了树皮、麻叶、破布、破渔网放入锅中，加水煮，而后将它们倒入石臼，用木棒使劲捣至成浆，再将其漂白后薄而均匀地铺在席子上，晾干。世界上真正的纸就这样诞生了。

也许，当时的匠人还不知道他们为人类文化的传播做出了多么重大的贡献；蔡伦也不知道，这种以他的名字命名的纸将顺着丝绸之路传向世界各地，受到世人的尊崇，成为世界文明发展的助力。

在纸出现之前，人们从自然界取材，黏土泥板、树叶和动物皮毛、甲骨、陶片、金石、竹简、缣帛等等都先后被用作书写的载体。让我们印象最深刻的应是竹简。当简被编缀在一起，编连的简便成为册——古人的书。由此还产生了很多有趣的小故事，比如孔子反复读《易》，有了"韦编三绝"的故事；东方朔给汉武帝上了一封书，用简3000根，两个力士抬着上殿等。

有了书写的载体，我们再来看看书籍的另一个重要组成部分——文字。最初，它们只是一些简单的用来记事的图画，经过漫长的岁

饭可以一日不吃，觉可以一日不睡，书不可一日不读。　　——毛泽东

▲ 竹简

月，人们慢慢从图画中总结出具有一定意义的抽象符号，这些符号就是最早的文字。世界上最古老的文字系统有四个。最早的文字是楔形文字，出现在距今6000年的两河流域。而我们熟知的甲骨文，出现在中国商代的中晚期，距今约3300年。除此以外，还有埃及的象形文字与来自美洲的玛雅文字。当这些文字随着历史的演进，变化发展；当他们被写到黏土泥板、兽皮、竹简等载体上编写成册时，就有了书籍的滥觞。

历史的长河继续流淌，在雕版印刷诞生前，耐心的抄书人慢慢地改变了人与书的关系，书获得了完整的形式，一些编书的方法渐渐确定并得以继承，尤其是文本的结构方面，如书目、目录、章节划分、编码等，古代的册籍有了自己的规定。

待到11世纪，一位在历史地位上能与蔡伦相提并论的人出现了，他就是北宋的毕昇。这位能人发明了胶泥活字印刷术，开创了世界活字拼排制版的先河，极大地提高了印刷效率。"一版印刷，一版已自布字。此印者才毕，则第二板已具。更互用之，瞬息可就。"后来，匠人们经过改良，又出现了陶瓷活字、铜活字、木活字等。明清时期以木活字和铜活字最为普遍。但由于木活字印刷存在的诸多缺陷，加之中国缺乏加工金属活字的机械技术，以及中国字作为表意文字的特性，活字印刷在明清时期并未被广泛使用。而对于使用拼音文字系统的欧洲人来说，活字印刷的传入使他们如获至宝。当活字印刷传入欧洲后，欧洲人开始研究金属活字印刷。德国人谷登堡成功用铅活字印出了著名的古籍代表作品《四十二行圣经》，其出现标志着西方图书批量生产的开始。古登堡还利用欧洲当时特有的技术能力和元素，在铸字盒铸造活字合金、冲压字模、着色剂使用上做了重大改造，使之更适用于大机器规模化生产。

造纸术和印刷术两种技术碰撞产生的火花，对书籍的广泛传播和现代印刷技术的巨大飞跃起到了极大的促进作用，彻底改变了世界的书籍史。由于人们在教育、信息需求等方面对书籍的需求越来越大，印刷速度和产能呈现出几何级的增长，书籍的数量越来越多。在印刷机的转动声中，一批一批的书籍被复制出来，它们进入书店，被放上书架，又被不同的人取走，带到不同的地方。铅字印刷成为书籍历史翻页的巨大推手，印刷书的时代降临了。

书籍大量普及对人类阅读和文明走向产生了重大影响。我们时常能在古代小说中看到这样的场景：在喧嚣的茶楼中，从说书先生的醒木开拍，一直到"且听下回分解"，帝王将相、才子佳人、侠义故事、民间异闻……台下的观众听得聚精会神，目不转睛；也能看到在宅院的僻静之处，明净的书斋中，一人独坐，或对日吟诵，或秉烛夜读，间或有红袖添香。在那时，阅读通常只能是上层人士的特权。后来，随着工业革命的到来，市民阶层不断扩大，受其影响广大市民阶层对阅读的需求越来越多，促成了读书人口呈爆发式增长。为了适应新兴的市民阶层的消费水平，装帧更加简约的平装书出现了。这样的平装书在相当长的时间里成为传播最广泛、大众接受度最高的图书形态。直到20世纪80年代，电子书以一种崭新的姿态来到人们身边，它更轻、更小、更环保。电子书不仅承载着显示文字的功能，还集合了声音、视频、动画等动态视觉效果，为读者创造了一种全新的阅读方

为中华之崛起而读书。　——周恩来

▲ 电子阅读器
▶ VR技术

式。从1987年10月世界上第一本电子书《下午》（*Afternoon*）出版到2007年11月亚马逊推出Kindle阅读器，电子书发展的脚步无人能挡，开拓了出版领域的新蓝海，给传统印刷书籍带来了很大的冲击。

在21世纪的今天，通过网络、手机、平板电脑、电子阅读器进行阅读愈加常态化。有人戏称，手机的地位变得越来越重要，似乎已经成为我们身体的一部分。在众多的新技术中，最值得一提的是VR技术，这是目前最受人们关注的前沿科技之一。VR技术最早出现于一本科幻小说。1935年，由斯坦利·温鲍姆撰写的一篇名为《皮格马利翁的奇观》（*Pygmalion's Spectacle*）的科幻小说，描述了未来世界有一种科技手段可以使人走进虚幻的世界，并且产生身临其境的真实感受。斯坦利·温鲍姆可能不会想到，他笔下的故事今天已成为现实。在科技巨头的带领下，已经默默发展了半个世纪的VR技术吸引了所有人的目光，加之体感外设产品如体感控制器、数据手套等的优化，VR体验正在一步一步变得更加真实。也许未来的某一天，我们可以在家中身临其境地逛书店，挑选图书，购买图书并且以渗透式的体验"进入"一本图书。通过前面的简单介绍，我们看过了书的变迁，触摸了书籍的历史，人类自身进步的脉络清晰可感。是的，每一次的技术革新都会为书籍带来变革，在这个没有时间限制、没有空间约束的书籍的国度里，未来的阅读发展前景和阅读形式非常值得我们期待。

书编三绝的故事

孔子一生都酷爱读书学习。因为孔子所处的时代还没有发明纸张，书是用竹简或木简制成的，把许多片竹简用绳子连在一起便成为一卷书。通常用丝线编连的叫丝编，用麻绳编连的叫绳编，用熟牛皮绳编连的叫韦编。孔子晚年，他特别喜欢《易经》。《易经》是很难读懂的，孔子就反复诵读，一直到弄懂为止。像《易经》这样厚重的书，当然是用熟牛皮来编连的。由于孔子刻苦学习，勤展书简，次数太多了，竟使牛皮绳断了三次。这就是孔子韦编三绝、勤奋好学的故事。

学习，学习，再学习。　　——刘少奇

第二节 阅读推动人类进步

　　每一本书都是一个小超人，薄薄的书页透着清香的油墨，小小的身躯里却蕴含着不容小觑的力量。人类社会就像是一个巨人，在时间的长河里走过一个又一个的一百年，在这其中，知识不断丰富着他的大脑，他不断改变，不断进步。作为知识主要载体的书籍，在这历史进程中也在不断积累，代代传承，它既是前人留下的宝贵遗产，又是后人创新发展的知识源泉。

阅读改变世界格局，推动历史进程

　　每一个民族的智慧，每一个时代的思想，都汇入书籍中，被记录下来，成就了民族与人类的经典。书能够有多大的力量？它能对世界格局、历史进程带来多大的影响？我们以经典的马克思主义著作为例。

　　1852年，马克思在给恩格斯的信中写道："我不能再出门，因为衣服都在当铺里；我不能再吃肉，因为没有人肯赊给我了。"恩格斯对这位优秀思想家的处境非常关心。为了让马克思有足够的时间和精力来写作，恩格斯从商了，即便这是他不喜欢的事。在恩格斯的相助下，有一段日子，只要家中无人生病，没有紧急的事情需要处理，在不列颠博物馆的某一个位置上，总能看到马克思读书的身影。马克思和恩格斯的信件来往从不间断，思想的火花在里面不断碰撞、闪现。两人并肩战斗40年，从《德意志意识形态》《共产党宣言》《政治经济学批判》，到《1844年经济学哲学手稿》《资本论》，再到《自然辩证法》《俄国与东方社会道路笔记》《人类学笔记》，马克思、恩格斯在批判地继承和吸收人类关于自然科学、社会科学、思维科学的优秀成果，加之在实践中不断丰富、发展和完善，最终形成了关于全世界无产阶级和全人类彻底解放的学说。

这些书籍承载着马克思主义理论在世界范围内传播，众多先进的知识分子受其影响，投身于革命的洪流中。列宁自学了马克思主义著作，如《共产党宣言》《资本论》等，接受并一生坚信共产主义。在他和托洛茨基的带领下，俄国经过十月革命，开创了人类历史的新纪元。

在那个动荡的时代里，先进的中国人为了救国，已经进行了各种尝试，随着这些马克思主义经典著作传入中国，中国的老一辈革命家们找到了自己的思想武器。后来，马克思主义成为中国共产党的指导思想。

▲ 马克思和恩格斯

活到老，学到老，还有三分学不到。　——朱德

阅读提升国家软实力

阅读对国家软实力提升起着重要的作用。在当代和未来的国际事务中，综合国力反映一个国家在国际社会中自由行动和影响国际事务的综合能力，是一个国家在自然环境、人口、资源、经济、政治、科技、军事、文化、教育、外交诸方面的综合实力，是衡量一个国家社会发展水平的重要尺度，是一个国家盛衰程度的重要标志。文化、教育作为国家软实力中重要的组成部分，自然而然受到各个国家的关注。阅读正是一个国家文化传承、传播和对国民进行教育的一个重要形式。

发达国家都看到了阅读的独特价值，将其放在了一个非常重要的位置。美国、英国、德国、日本等一系列发达国家都非常重视阅读。美国总统里根、克林顿、小布什、奥巴马，无一不是阅读推广的提倡者，在美国的阅读推广活动中，我们能够看到政界、商界、体育界、娱乐界等多方人士的参与。每年，美国政府机构、图书馆、民间组织都会进行一系列的阅读推广活动，唤起人们对阅读的关注。英国作为世界首个提出"阅读年"概念的国家，更是全民动员推广阅读，他们将阅读推广从成人向儿童延伸，进行了众多的推广活动。日本从20世纪早期开始就有读书推广活动。在日本，我们随处可见抱着书本阅读的人们，不管是匆匆忙忙的上班路上，还是休闲愉快的度假途中，书本都是他们最好的陪伴。通过阅读推广，可以形成良好的社会氛围，为人才的培养提供很好的社会土壤，为国家软实力的提升打下牢固的基石。

阅读提高民族整体素质

民族素质包括一个民族的身体素质、科学文化素质、思想道德素质和民族心理素质等。而其中,科学文化素质居于核心地位,它的高低决定了一个民族竞争力的强弱和经济发展水平的高低,在一定程度上还决定了思想道德素质的状况。一个民族通过教育、劳动实践等手段不断地提高自身素质,并不断地发展着自己。

如何衡量一个民族的发展程度?民族素质就是判断标准之一。当一个民族不断改善自己的生存条件,提升身体素质,增强科学文化素质,提高思想道德素质,就代表着民族的发展和进步,反之,则处于停滞不前的状态。阅读正是提高自身素质的有效手段之一。犹太民族是一个优秀的民族,虽然受尽苦难,可也在流散生活中变得更加强大。这是一个重视教育的民族,在教育支出上毫不吝啬;这是一个爱书的民族,对阅读的喜爱世人皆知。在他们的世界中读书是生活中不可或缺的一部分。在浩瀚书海的滋养下,犹太民族名人辈出,马克思、爱因斯坦、弗洛伊德、卡夫卡、普鲁斯特、巴菲特、摩根……他们从事着各个领域的工作。阅读成就了他们,他们的知识也变成书籍影响更多的世人。

阅读改变个人的命运

古语说,"人之初,性本善,性相近,习相远",这句话告诉我们,人类是很容易被社会环境所左右的。人类的成长是一个社会化的过程,是一个相互学习相互影响的过程。自幼接触的事物,自幼养成的习惯,将会对一个人产生巨大的影响。孩子的世界就像是在一个空

全党同志一定要善于学习,善于重新学习。　　——邓小平

▲ 孩子们在阅读

白的空间里构筑世界，是建造正能量的城堡，还是建一座负能量的城池，取决于对孩子进行什么样的引导，而阅读经典正是引导孩子走向正确道路最好的方式。孩子的精神世界的构筑需要跟随年龄的变化，按阶段进行。在不同的成长阶段，我们需要为他们带来新的能量。就像是电影《头脑特工队》里展现的一样，孩子的世界里拥有淘气岛、诚实岛、家庭岛、友谊岛、冰球岛，一旦错过搭建机遇，难以弥补。通过对不同书籍的阅读，孩子不断地学习，书籍带他们打开一扇又一扇新世界的大门，带他们不断成长，成为更好的自我。有了幼时打好的基础，随着年龄的增长，阅读仍旧非常重要。为什么说良好的阅读习惯将会使一个人一生受益？这是由知识的特性决定的。知识具有继承性，人们可以通过阅读直接获取前人通过实践积累的成果。"据专家测量，一个人才的知识建构，从直接经验中获得的不足20%，而通过阅读得到的间接经验却在80%以上。阅读在获取和扩展人类知识上的作用，是阅读价值的根本所在。"（曾祥芹、韩雪屏《阅读学原理》，大象出版社1992年版第299页）所以，通过阅读学习他人的经验也成为现代人提高自我知识水平、提升个人素质的一个非常重要的途径。

"书籍给了我们观察世界的高度，让我们视野开阔；书籍也给了我们认识社会的角度，让我们的思想深刻；书籍给了我们改造世界的利器，让我们改变人生。"（王立群《全民阅读与文化传承》，《中国出版》2008年第5期）我们都知道周恩来总理有句名言："为中华之崛起而读书。"12岁那年，初到沈阳的周恩来充满好奇地来到了租界，却见到了令他惊愕的一幕。警察局前，亲人被撞死的妇女在哭泣，肇事的大个子洋人洋洋得意，中国的巡警却训斥着妇女。年幼的周恩来捏起了拳头，深深地体会到落后就要挨打的道理。原本就已接触到大量进步书籍的他，更是激起了发奋读书的念头，提出了"为中华之崛起而读书"。中国传统文化的优秀部分，达尔文、米勒、卢梭、亚当·斯密等西方思想家们新颖的学说，以及马克思主义的革命书籍都带给周恩来积极的影响，为今后的革命工作打下了坚实的基础。书籍是我们每一个人人生路上的良师益友，而阅读是一种理解、领悟、吸收、鉴赏、评价和探究的思维过程，对人的自我发展和完善具有不可替代的作用。正如朱光潜先生所说："读书功用在储知蓄理，扩充眼界改变气质。读书的范围愈广，知识愈丰富，审辩愈精当，胸襟也愈恢阔。"

改革开放近40年来，中国的经济开始腾飞，神州大地再次焕发了巨大活力，中华民族踏上了民族复兴的征程。随着经济的高速发展和物质财富的极大提高，人们对精神生活也提出了更高的要求。阅读为满足精神生活的需求提供了一个渠道。书籍自身的价值

我经常能做到的是读书，读书已成了我的一种生活方式。读书可以让人保持思想活力，让人得到智慧启发，让人滋养浩然之气。
——习近平

通过被阅读而实现。当一部部图书被读者阅读以后，通过丰富阅读者的精神生活，转化为其精神力量和素质能力，才实现了书籍本身的意义。周国平先生说得好："你通过读书，得到精神上的愉悦，精神上的启迪，精神上的提高，你真的是通过读书在过一种精神生活……把自己的精神属性发展好，把自己的精神品质发展好，过一种高质量的精神生活，才不枉来这个世界上，做一次人，这一生才是值得的。"

孟母三迁的故事

　　孟子是战国时期鲁国人，三岁时父亲去世，由母亲一手抚养长大。孟子小时候贪玩，模仿能力强。他家原来住在坟地附近，他常玩修筑坟墓的游戏或学别人哭拜。其母亲认为这对孟子成长不利，就把家搬到集市附近，孟子又模仿别人做生意和杀猪。孟母认为这个环境也不好，就把家搬到学堂旁边，于是孟子就跟着学生们学习礼节和知识。母亲认为这个环境能让孩子往好的方向学，就定居下来。这就是孟母三迁的故事。

世界各国的阅读现状

博尔赫斯说："天堂应该是图书馆的模样。"在科技飞速发展、新生事物层出不穷的今天，人们的生活方式在逐渐发生改变。试想一下，在经历了一周紧张的工作后，在充满阳光的慵懒的周末午后，你会想做点什么？上网逛逛？看看电视、电影？打打游戏解压？还是泡一杯茶，安安静静地阅读？现代生活给人们太多的选择，使得阅读这项汲取知识能量的传统方式受到一定冲击，一些国家的阅读率出现下滑。但从世界范围来看，越是经济文化发达的国家，阅读的保持率越高。像以色列、德国、日本、美国、英国这些文化发达、科技领先的国家，无一不是出版强国和阅读大国。众多国家在阅读推广方面不断做出努力，力求打造一个公众的知识天堂。

—— 以色列 THE STATE OF ISRAEL

美国人有一句话：全世界的财富在美国人的口袋里，美国的财富在犹太人的口袋里。全世界的人都说犹太人聪明。如何证明？我们先来数一下历史上那些令人肃然起敬的名字：马克思、达尔文、爱因斯坦、弗洛伊德、卓别林、门德尔松、海涅、大卫·李嘉图、毕加索、洛克菲勒、巴菲特、卡内基、摩根、斯皮尔伯格……据统计，在全美

读书不仅事关个人修为，国民的整体阅读水准，也会持久影响到整个社会的道德水平。
——李克强

▲ 以色列犹太人阅读以斯帖卷轴庆祝普林节

200名最有影响力的名人和100多名诺贝尔奖得主中，占美国总人口2%～3%的犹太人占了1／2；在全美名牌大学教授中，犹太人占1／3；美国的百万富翁中，犹太人占1／3；全美文学、戏剧、音乐的一流作家中，犹太人占3／5……是什么原因使犹太人取得这样骄人的成绩？也许，正是在于他们爱阅读，乐于接受最前沿的事物。

我们来看看世界上唯一以犹太人为主体民族的国家以色列的阅读情况。以色列有句老话："人不能只靠面包活着。"这句源自《圣经》的话，激励着以色列人养成阅读的习惯。

以色列在建国初期，尽管经济非常困难，但在教育支出上毫不吝啬，他们将占GDP比重6%以上的经费用于教育，超过了当时的美、苏、英、法等国。犹太民族是"书的民族"，他们认为书是智慧的根源，是获取财富的根本。联合国教科文组织曾做过一个调查，调查结果显示：以色列国民大多数都有阅读的习惯。在人均拥有图书的比例上，以色列为世界之最，超过了世界上任何一个国家。

对书倾注的感情源于以色列人对知识的渴望。著名典籍《塔木德》上记载："把书本当作你的好友，把书架当作你的庭院，你应该为书本的美丽而骄傲！采其果实，摘其花朵。"犹太人教育孩子，有两个非常有意思的传统。其一与《圣经》和蜂蜜有关。以色列人在小孩子开始懂事时有一场仪式，他们会在《圣经》上滴几滴蜂蜜，让小孩去亲吻《圣经》上的蜜。这个仪式让小孩明白书是甜蜜而美好的。其二，在孩子成长的过程中，他们会问孩子："如果有一天你的房子

让阅读 成为一种生活方式

着火了，你要带什么东西逃离？"如果孩子回答是财物，家长就会接着问："有一种宝贝，没有形状、颜色、气味，却更加重要，你知道是什么吗？"孩子如果答不上来，家长就会说："孩子，你要带走的不是金钱，而是智慧。智慧存在于你的脑中，任何人都抢不走，只要你活着，智慧就永远跟着你。"

在以色列人的家里，读书看报是生活中一件很重要的事情。周末的客厅里是不能少了书和报纸的，否则那就是不完整的周末。放在卧室里的书，是必须放在床头的，放在床尾就是对神圣的书籍大不敬。

在以色列的城市里，大大小小的书店星罗棋布、风格各异。有的书店还与咖啡馆一同经营。满满当当的书架，散发着醇香味道的咖啡，或三三两两，或独自阅读的顾客，构成了城市街头美丽的风景。书店里的书，大部分都是希伯来文的，一些外国畅销书一经面世，也很快就会有希伯来文的译本供读者选择。以色列人还注重与外界的交流，两年一次的耶路撒冷国际书展和一年一度的"希伯来图书周"都

▲ 耶路撒冷市中心的书店

读书破万卷，下笔如有神。　——（唐）杜甫

是书籍交流的广阔平台，来自世界各地的图书爱好者、出版商都会前来洽谈、参观、购买。以色列人也注重将本国文学作品翻译成多种文字，推广到国外。以色列是一个读书的国家，一个智慧的国家。

—— 德国 GERMANY

如果说地球是一个社交网站，那德国的标签栏里一定有一个词——严谨。德国人思维缜密、善于思辨。我们上中学时，就从课本里认识了很多来自德国的影响力巨大的哲学家、科学家，如黑格尔、费尔巴哈、恩格斯、西门子……他们有不同的生活经历，但他们都有良好的阅读习惯。德国人爱书是有历史渊源的。早在18世纪末，一场历时25年的"阅读革命"就席卷了整个德意志地区，这场"风暴"的深远影响，可比肩法国大革命和英国工业革命。从此时起，拉开了全社会热爱读书的大幕，读书不再是上层阶级的特权，普通民众也加入读书的行列，阅读风潮四起。现在，德国拥有1.4万多个图书馆，大小各异，藏书量达1.29亿册，每个城市都有市立图书馆，更有5000多家书店，这还不包括售卖书籍的综合性超市和加油站。（数据来源：《光明日报》2016年4月22日）

促进阅读基金会是德国重要的阅读推广核心机构，该基金会成立于1988年，它还是欧洲最大的阅读基金会。值得一提的是，基金会的名誉主席一直都由历届德国总统担任，下设科学咨询组、学会阅读和媒体研究所、阅读推广学院、读书俱乐部、教师俱乐部等重点项目部门。基金会全年举办形式多样的阅读推广活动，如举办世界图书日、"爸爸读书给我听""阅读童子军""朗读俱乐部""杂志进校园"等活动，让社会团体、合作伙伴、学校、图书馆、教育工作者、家长

通过举办形式多样的阅读推广活动，让社会团体、

合作伙伴、学校、图书馆、教育工作者、家长都加入到阅读推广中来，

提高阅读热情，促进社会阅读的繁荣发展。

▲ 德国斯图加特的图书馆

读书使人心明眼亮。　　——［法］伏尔泰

都加入到阅读推广中来，提高阅读热情，促进社会阅读的繁荣发展。

德国和以色列共同建立了双边国家示范工程——"德国—以色列阅读媒体俱乐部"。这是一个起源于以色列的俱乐部，后来在德国得到了进一步发展。两国之间实现了区域资源整合，为儿童和年轻人提高阅读和传媒能力提供了机会。促进阅读基金会还与联邦德国教育与研究部联合发起了"阅读起跑线工程"。这是一个非常实惠的项目，它分三个年龄段为孩子提供阅读大礼包，并且每个人礼包都根据不同年龄段孩子的需求而特别定制，礼包中除了书籍外，还有教导父母抚育孩子、培养孩子阅读习惯的材料。医院、图书馆、学校则承担了派发礼包的任务。在新生儿大礼包中，还会有"阅读测量尺"。0~10岁的孩子分别对应赤、橙、黄、绿、青、蓝、紫、粉红、桃红、橘红10个色段。不同的色段对应的也会是不同的书籍、玩具、育儿知识。

德国的公共书架也是让人赏心悦目的。这些书架就坐落在大街小巷内，每个书架大约能放置200册图书。若有人漫步在街头，不管是当地的居民，还是来自世界各地的游客，都可以免费取阅书架上的图书。而阅读者的身影，也会为这座城市增加一处美丽的风景。看到这里，或许你会有个疑问：人人都在取阅，那书架上源源不断的书是从哪里来的呢？书架的图书主要靠捐助资金资助购买。另外，这个城市中爱读书的人也喜欢分享，他们也会把自己读过的书籍放到书架上，希望能给其他人带来更多乐趣；而书架的维护工作则主要由志愿者组织负责。

　　早上10点多，刚刚经历了早高峰的地铁已经不再那么拥挤。地铁上，一个五六十岁模样的女性，神情认真地看着她的纸版书，书外面包着布面书皮——包书皮似乎是日本人的习惯；对面20岁左右的男生也在看书；又上来一个30岁左右的男性，公司白领模样，落座，擦了擦汗歇口气，也从包里拿出一本小开本书。二三十个人的车厢，有五个人捧着书，还有五六个年轻人在看手机，一眼扫过去，几乎没有游戏界面。（郑莉娜《国外的地铁上，真有那么多人在读书吗？》，《杭州日报》2013年5月8日）

　　为何日本人有着如此高的阅读热情呢？这还要从20世纪早期就开始的读书推广活动开始说起。二战以后，一方面受到欧美阅读观念的影响，另一方面日本政府和民间团体携手，举办各种阅读推广活动和读书运动，共同推动了日本国民阅读向前发展。进入21世纪，日本先后出台了《关于推进儿童读书活动的法律》和《活字、文字文化振兴法》，可以看出阅读推广活动的主导力量从社会团体向政府发生了转移。而1999年的"儿童读书年"和2010年的"国民读书年"，更是将阅读定位于国家战略层面。可以说，日本阅读推广活动最显著的特征就是在国家主导下的法定性和规划性。经过日本政府多方面的努力，国民的阅读意识被普遍唤醒，阅读成为越来越多人的习惯，这对提高国民的素质起到了重要的推进作用。

　　学校举办的活动里，知名的"晨读"运动、"大学四年间读100册书"读书推进活动、"读书马拉松"等活动在学生中发挥了重要作用。图书馆对阅读推广的作用就更大了。日本图书馆重视对全年龄段

　喜欢读书，就等于把生活中寂寞的时光换成巨大享受的时刻。　——法国谚语

人群的服务。在少儿及婴幼儿方面，图书馆协会与保健中心、育儿支持中心、出版社及志愿者合作，利用0~1岁婴幼儿健康诊疗的机会，联手开展亲手"预约"活动，体验绘本的乐趣，让孩子与书做伴。图书馆还会针对少儿举办"培养儿童图书馆员"的讲座，开展面向儿童的图书馆利用指导，还与学校的图书馆合作，为孩子们的阅读活动提供指导。在高龄读者和残疾人方面，日本的图书馆中，专门为他们配备了大活字本，以及针对老人的读书扩音器和真人面对面朗读的贴心服务。

在这样的大环境中，日本人从小养成了阅读的习惯，这种习惯在成年之后保留下来，成为一生的财富。不管是年轻人还是老人，不管是职员还是老板，对阅读都有着浓厚的兴趣，学无止境在他们的身上得到了很好的体现。

▲ 候车时阅读的日本人

　　说起美国，你想到的可能还有好莱坞、华尔街、NBA……这个发达国家中的佼佼者，拥有的可不仅仅是这些。众所周知，全球最好的大学大半在美国。有过留学经历的朋友都知道，美国高校对一个学生阅读能力的要求是很高的。阅读是人们接受教育、获得知识、发展与丰富自己的根本途径，对人的思维的深度和高度有着直接的影响。

　　我们回过头去看美国的历史，几乎历任总统上任后都大力提倡阅读。从里根签署《青少年读者年》公告到克林顿时期的"美国阅读挑战"运动，从小布什时期的"阅读优先"方案到奥巴马在其《美国复苏和再投资法案》（ARRA）中强调要重视在初级教育阶段开展阅读提高计划，并加强对教师和学校领导的培训，都凸显出美国政府对阅读的重视程度。除了政府以外，各种阅读推广活动还在社会机构中大力开展，为人们提供更丰富的阅读平台，让人们明白终生阅读、文化传承的重要性。

　　美国阅读推广活动历史悠久。1977年，美国国会立法通过成立国会图书馆阅读中心。阅读中心在1987年发起"国家阅读推广伙伴"计划，吸引了包括政府组织在内的各界成员参与，每年召开会议促进项目和招募新合作伙伴。阅读中心鼓励各种阅读活动在各个层面进行推广或经验交流，小到社区层面，大到国家层面。2010年，美国国会图书馆和美国公益广告协会共同推出"好奇的乔治"为主角的公益广告，通过这个可爱的卡通形象，鼓励以家庭为单位的阅读。

　　1998年，西雅图公共图书馆举办了"如果全西雅图阅读同一本书籍"的活动，成为美国一城一书活动的起源。图书馆希望通过市民同

　　　　一个家庭中没有书籍，等于一间房子里没有窗户。　　——［英］约翰生

▲ 西雅图中央图书馆

读一本书来提高阅读率，引起市民的共鸣，融洽人与人之间的关系，提高归属感。后来一城一书活动由美国图书馆协会的公共计划部门提倡并推广到全美。图书馆协会在公共计划中提供详细的活动指南，还为准备举办相关阅读计划的机构提供行动方案。

美国还确定了特定的纪念日，时时提醒着人们关注阅读。除了每年4月23日的世界读书日外，美国还有全美读书日、免费漫画书日等。全美读书日自1998年起，在每年3月2日这一天举行，当天社区、学校、图书馆将举办形式各样的读书活动。美国的阅读推广活动还得到了众多名人的支持，其中不乏第一夫人、明星大腕、专家学者的身影。2008年1月3日儿童文学家乔恩·席斯卡担任第一位儿童文学大使。2010年，第一夫人米歇尔·奥巴马在全美读书日来到美国国会图书馆，为孩子们朗读苏斯的《帽中猫》。每年5月的第一个星期六则是漫迷们的节日，在这天，书店会向读者免费送出漫画书并举行一些打折活动，许多动漫迷还会装扮成自己喜欢的漫画角色，参与到活动中来。

让阅读成为一种生活方式

　　如果每年的世界读书日都有人向你发放一张"阅读代金券"，你会愿意读书吗？绅士的英国人同样讲究实用性。每年的世界读书日前后，英国境内的3000家书店会向青少年和儿童发放价值1英镑的"阅读日代金券"，鼓励孩子们走进书本的世界。这是书店做的一点小努力，让我们看看英国人在让国民爱上阅读方面还有哪些大手笔。世界上第一部全国性公共图书馆法就是英国颁布的。英国是世界上人均占有公共图书馆份额最多的国家，并且也是世界首个提出"阅读年"概念的国家。英国的阅读推广活动不单是政府出力，还动员学校、家庭、图书馆、企业、媒体一起行动。联动的力量让阅读变成润物细无声的春雨，滋润着每个英国人的精神世界，渐渐成为他们生活中必不可少的一部分。

　　有人认为，阅读是一件私人的事，读的是内心，享受的是孤独。有人却害怕这种孤独，他们可能会懈怠，他们需要鼓励，需要氛围的感染。"六本书挑战赛"完美地解决了这一问题。这是2007年英国阅读社启动的针对成年读者的活动。该活动获得了全国图书馆的大力支持，全国每年约有2/3的公共图书馆参加此项活动。赛事可在全年任何时间举行，但主要活动一般集中在每年的1~6月。参赛者要求年满16周岁，可自行挑选6本图书进行阅读。期间，参赛者需要记录自己的随想、感悟等，待比赛完成，参赛者将获得一张证书，并有机会获得国家级的大奖。图书馆、成人教育学院、监狱、工厂、公司对此项活动的参与度都很高，他们都会根据自身的优势和特色制定不同的推广方案，最大限度地吸引人们参与。人们自身有兴趣增加自己的阅读量，

读书是最好的学习。追随着伟大人物的思想，
是最富有趣味的一门科学。 ——［俄］普希金

从而愿意参加本项活动，在活动中享受了阅读，锻炼并提升了自己的阅读能力，从而形成一个良性的阅读循环。在活动过程中，如果产生阅读懈怠感，周围人的阅读积极性会感染参赛者，对参赛者本身又起到了促进作用。在活动结束后，参赛者自身的阅读技能得到提升，阅读意愿进一步增强，希望阅读的范围就会扩大。这样的阅读体验无疑有利于阅读氛围的营造，带动全国阅读风气的形成。

针对成人的阅读活动还有"快阅读"。这是英国成人继续教育协会与商业联合会共同组织的，主要是关注相对偏远地区人群的阅读情况。活动得到了出版商和书商的大力支持。"快阅读"的书目由活动组织者选定，主要以当时的畅销书为主。很多书店都会参与到活动中来，并在店内设立特别展区，对这些图书进行促销。

▲ 在地铁里阅读的英国人

当然，阅读不仅仅只是成年人的事。英国图书信托基金于1992年发起了"阅读起跑线"计划，起初这只是一项针对国内贫困地区儿童的阅读项目，后来随着各地政府和社会团体的关注，此项目渐渐扩展成为一个全国性阅读指导计划。英国公共图书馆与教育和卫生等多家机构联手为每个婴幼儿发放一个免费的阅读包，阅读包分为婴儿包、高级包、百宝箱、发光包、触摸包和双语资料。为了吸引婴幼儿家庭的参与，活动还准备了儿歌时间、故事时间、全国活动周等活动，帮助家长学会如何与孩子分享图书。2004年，该项目有了新的消息，当时的英国财政大臣宣布"阅读起跑线"计划开始向全球范围内的适龄儿童提供免费发放的阅读包，推动该项计划成为全球最具有影响力的婴幼儿阅读推广计划。

—— 新加坡 REPUBLIC OF SINGAPORE

应该是下午4点左右了，朝着东南方的主人卧室里，漾起丝丝微风的凉意。我们几个小孩围着一台搁在爸妈靠窗床头架上的卡带播音机。

"这就是我们今天要学的歌。"凯芝得意地宣布。

我们慢慢地向前靠拢，幼小的身体努力前倾，紧挨在一起。一个个小脑袋围在播音机前，就好像要把这"压轴歌曲"的精华全都吸入自己的耳朵里。这时我们的"头目"凯芝把卡带置入机器，用力按下播音键。

……

这是孙燕姿的散文《音乐卡带》，2010年"新加坡阅读嘉年华"的选读篇章。舒心的文字是不是就像孙燕姿的歌？"新加坡阅读嘉年华"是新加坡最重要的阅读推广活动之一，新加坡国家图书馆管理局

少而好学，如日出之阳；壮而好学，如日中之光；老而好学，如炳烛之明。 ——（汉）刘向

▲ 读者在新加坡国家图书馆读书

"阅读节"活动强调互动体验感，

文字之旅、作家交流会、电影放映会以及与漫画家切磋画技等活动，

引发人们的参与热潮，作者和读者的交流讨论，

让更多的人发现了书籍的内在美，发现了阅读的魅力。

是推广它的主体。这个500多万人口、深受中华文化精髓影响的国家，近年来，政府对文化产业的发展也加大了关注度。政府对出版业大力扶持，民间读书会大量出现，成立读书发展协会，以及每年开展大型阅读活动、网络读书会等，都是推广阅读的有效办法，收到了很好的效果。

　　"新加坡阅读嘉年华"是受到 "一城一书"活动的启发，结合当地实际情况和以往经验推出的。活动每年都会确立一个主题，如2006年的"向内看，向外望"、2009年的"梦想与抉择"、2011年的"时空流转"、2014年的"缕缕书香，悠悠我心"等。伴随这个主题，组织者会选出一些文学作品，将他们译成英语、华语、马来语、泰米尔语，结集成书，并策划图书沙龙、作者见面会、戏剧表演、阅读分享会以及各种竞赛等活动。每一个活动都经过了组织者的精心策划，众多重量级的政治人物，文化界、艺术界人士参与到活动中。2008年，新加坡总理李显龙亲自录制了所选短篇小说有声光碟的中英文版。 2010年，将孙燕姿的散文《音乐卡带》收入选读篇章。推广对象定位也颇为精准，除了最初确定的15岁以上的青少年与成人外，每年还确定了重点推广目标，如2005年的出租车司机、2006年的发型师、2007年的医疗护理人员、2008年的弱势群体与老年人等。值得一提的是"新加坡阅读嘉年华"举办的形式新颖的推广活动。2014年，在"新加坡阅读嘉年华"10周年之际，首次举办了为期一个月的"阅读节"。"阅读节"活动强调互动体验感，文字之旅、作家交流会、电影放映会以及与漫画家切磋画技等活动，引发人们的参与热潮，作者和读者的交流讨论，让更多的人发现了书籍的内在美，发现了阅读的魅力。"阅读节"中的亮点则是"文学之旅"。在"文学之旅"中，会有作家带领读者走访书中写到的现实场景，让读者感受他们阅读的

三更灯火五更鸡，正是男儿读书时。黑发不知勤学早，白首方悔读书迟。　——（唐）颜真卿

故事就发生在这里，颇有走访电影拍摄地的意味。随着科技的发展，新媒体如雨后春笋般出现，主办方适时而动举办"掌上图书馆""电玩而阅读"等活动。新加坡国家图书馆管理局推出Mobile Read免费服务，人们可以通过该软件随时阅读四种语言的短篇故事。

世界读书日

每年的4月23日，是世界读书日。为了鼓励人们多读书，联合国教科文组织于1995年，把4月23日定为"世界阅读日"，其全称是"世界图书与版权日"，又叫作"世界图书日"。

第二章

阅读助推民族复兴的中国梦

中华民族的耕读传统

　　古人说："少年读书，如隙中窥月；中年读书，如庭中望月；老年读书，如台上玩月；皆以阅历之浅深，为所得之浅深也。"泱泱中华，自古尚书。莘莘学子，开卷有益。一本书就像是一个引路者，带领我们从狭小的天地走向无限广阔的地方。古代的士大夫说："三日不读，面目可憎。"纵观古今大家，无不是勤于攻读，手不释卷，而后方能学富五车，成为风流一代。对于读书，前人在方法上各有观点，但相同的是爱读书的心情。阅读一直都是中国传统和价值观中的重要组成部分。

　　古书上记录了一则有名的读书故事。孔子读《易经》，发现很难懂，就反复研读。该书是由牛皮带子串联的竹简书，由于研读的次数太多，以至牛皮带子都断了三次。这便是著名的"韦编三绝"的故事。对于读书学习，孔子已经到了废寝忘食的地步，他说："吾尝终日不食，终夜不寝，以思，无益，不如学也。"同时，他还有着强烈的学习知识的欲望，"学如不及，犹恐失之"。他不单如此要求自己，也这样要求自己的学生。孔子的著作中，最为世人所熟知的便是《论语》。在《论语》的开篇，孔子说："学而时习之，不亦说乎？有朋自远方来，不亦乐乎？人不知而不愠，不亦君子乎？"这也是孔子勉励弟子刻苦学习的话。孔子一生传道、授业、解惑，成为儒家学

　　为学之道，莫先于穷理；穷理之要，必在于读书。　　——（宋）朱熹

派的创始人。他的弟子三千，贤人
七十二，颜回、子贡、子路、子夏等
都成就非凡。

《礼》是中国古代也是世界上最
早的一篇专门论述教育和教学问题的
论著。《礼记·学记》中写道："古
之教者，家有塾，党有庠，术有序，
国有学。比年入学，中年考校。"

▲ 论语

系统地论述了教育的目的、作用、制度、方法，指出：读书学习不单
靠个人的努力，更需要国家的推动和规范。"玉不琢，不成器；人不
学，不知道。是故古之王者建国君民，教学为先。"由此告诉统治
者，建立国家要把兴办教育作为首要任务。而我们现在提倡的"教学
相长""启发式教学""教学的循序渐进"，在这篇文章中都能够寻
到踪迹。

中国历史上发生过许多著名的读书故事。比如，"凿壁偷光"的
故事。西汉时有一个小孩，家境并不宽裕。他很喜欢读书，可是夜幕
降临，家中没有蜡烛，就没有办法继续读书了。这很让他苦恼。一天
晚上，他看见邻居家窗户透出的亮光，心里萌生了一个主意。他在墙
上凿了一个小洞，借着小洞透过来的光亮就能继续读书了。后来，这
个小孩听说县里有个大户人家有很多藏书，便主动跑到那户人家去做
工，却不要工钱。主人很奇怪，就问他："你为什么不要工钱呢？"
小孩认真地回答："我想读您家的书。"主人听后颇为感慨，愿意将
家中的藏书免费给小孩读。经过广泛的阅读积累和刻苦的学习，小孩
长大后成为经学家，官至宰相。他就是匡衡。

和上一个故事齐名的读书故事是"悬梁刺股"。其中，"悬梁"

让阅读成为一种生活方式

▶凿壁偷光

的故事发生在东汉，主人公是一个名为孙敬的年轻人。这人可不简单，邻里送称号"闭户先生"，意思大概和现在所说的"宅男"差不多。可他的"宅"与现在的普通意义上的"宅"还有些不同。这位先生在家是为了好好读书，据说通宵达旦也是常有的事。熬夜看书的经历很多人都有，如果周公来唤，进入梦乡几乎是无法改变的结局。孙敬也不例外。每每倦意袭来，敌不过困意睡去的孙敬在醒来后都颇为苦恼。一次仰天叹息的时候，孙敬看见了房梁。一个念头闪过。他找来一根绳子，一头绑在房梁上，另一头和自己的头发系在一起。这样，打瞌睡时，头一低，头皮就会被绳子扯疼，瞬间困意全无。正是这样的苦读，为知识的积累打下了坚实的基础。孙敬成为东汉时颇为著名的大学问家，成为学子们求学解疑的老师。

也许你会好奇，他们这么刻苦，看的都是什么书呢？在信息技术那么不发达的古代，他们又怎么知道世间有多少书？自己又有哪些书还没有读呢？这就涉及一个非常重要的事——编书目。这还得从刘向父子说起。古时候的书籍和现在不同，一本书可能有多个版本。"昔仲尼没而微言绝，七十子丧而大义乖。故春秋分为五，诗分为四，易有数家之

学习是自己的事。自己要学习，在任何环境里都能够自学，都能够学到切实有用的知识，何况如今社会各方面正在努力为青年们提供各种形式的自学条件。——叶圣陶

传。战国从衡，真伪纷争，诸子之言纷然肴乱。"（陈国庆《汉书艺文志注释汇编》，中华书局1983年版）再加之朝代更迭，战火纷飞，书籍的佚失是常有的事。到了汉成帝时，书籍的散亡已经到了非常严重的地步，皇帝派谒者求遗书于天下，命令光禄大夫刘向校经传诸子诗赋。经过辛苦地整理，刘向撰成《别录》，为中国最早的目录学著作。刘向死后，他的儿子刘歆继承父业，在《别录》的基础上，修订出中国历史上第一部图书分类目录《七略》。父子两人20多年的努力，圆满完成了中国历史上第一次由政府组织的大规模图书整理编目工作。待到东汉时，中国现存最早的目录学文献问世了，这就是大名鼎鼎的《汉书·艺文志》。这部最早的系统性书目是由班固在《七略》的基础上增删改撰而成的。有了书目的读书人是幸福的，他们能知道当时存世的典籍，可以根据书目和自己的需要去寻书、阅读。而书目更大的贡献在于后世对研究历代图书文献，考订学术源流的参考价值。

汉代是我国文学发展史上的一个高峰，好书、好作家层出不穷。"千金难买相如赋"，司马相如应该就是稿费最高的作家了吧？曾经的陈阿娇是被汉武帝许诺"如果能得阿娇做妻子，我就造一个金屋子给她住"的人，无奈后宫佳丽众多，一不小心就失了宠，被贬至长门宫。后来她听说司马相如是天底下最会写文章的人，便派遣心腹，奉上黄金百斤，求司马相如作赋一篇，于是就有了千古流传的《长门赋》。

并不是只有大作家的作品才贵，爱读书的中国古人，还演出了"洛阳纸贵"的剧集。西晋年间，在京城洛阳，大文学家左思还未成名时，潜心十年，创作出《三都赋》。此赋问世后，人们争相阅读。无奈，那时印刷术尚未发明，人们想要看书就得抄书。一大清早，纸店的老板就被"咚咚咚"的敲门声惊醒了，是来买纸的人。纸店的生意红红火火，老板的心里乐开了花。纵使纸店大量进货，也供应不了如潮水般涌来买纸的人们。一时间，全城的纸价大幅度上升。

从"洛阳纸贵"的故事中，我们可以感受到中华民族对优秀作品的喜爱和对书的珍视。抄书很费劲、速度慢、易出错，但丝毫不能减淡中国人阅读的浓厚兴趣。到了中国历史上文化、科技鼎盛的唐朝，雕版印刷术发明，经过匠人们的反复改良，唐朝中后期得到广泛使用。当时的情景，我们从元稹给白居易诗集作的序中可以窥见一二："二十年间，禁省、观寺、邮候墙壁之上无不书，王公、妾妇、牛童、马走之口无不道。至于缮写模勒，街卖于市井，或持之以交酒茗者，处处皆是。"看看，白居易诗集的印本已经可以拿去换茶换酒了。

对中国古代社会影响深远的科举制度在唐朝逐渐成熟。至此，为官不再只是名门望族的事，科举为寒门子弟打开了一扇参与治理天下的大门。只要有才能，人人都有为官的机会。民办教育、官办教育蔚然成风。完善的教育制度，为培养人才提供土壤，也让读书的风气在社会上广泛形成。而培养出的人才又为经济、政治的发展提供了助益。唐代名臣、著名书法家颜真卿在《劝学诗》中写道："三更灯火五更鸡，正是男儿读书时。黑发不知勤学早，白首方悔读书迟。"

唐代的统治者很重视人才的培养和选拔，为读书风气的盛行，起到了重要的引领作用。唐太宗在位期间，扩充了学院的规模，并且修建学舍，增加学员。武则天则是亲自"策问贡人于洛成殿"，我们经常能在电视剧中看到的殿试也就是从这时候开始的。唐玄宗时期，诗赋成为考试的重要内容，这也是唐代诗歌兴盛的助推器之一。科举考试是非常难的，录取的比例很低，从"五十少进士"，"太宗皇帝真长策，赚得英雄尽白头"的记录就能看出其中的艰辛。

任何时候我也不会满足，越是多读书，就越是深刻地感到不满足，越感到自己知识贫乏。　——［德］马克思

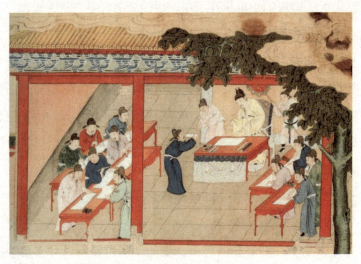

▲ 科举考试

到了宋朝，朱熹有两首诗描写了读书的深切而喜悦的感受。

观书有感

其一

半亩方塘一鉴开，天光云影共徘徊。

问渠那得清如许？为有源头活水来。

其二

昨夜江边春水生，艨艟巨舰一毛轻。

向来枉费推移力，此日中流自在行。

第一首诗写出在读书获得知识后，感受到那种思路明畅、神清气爽的境界，并且写到如果人想要有澄明的心境，就需要时时读书，随时补充新的知识。第二首诗用比喻的手法告诉人们如何读书。读书是一个循序渐进的过程，面对如汪洋大海的浩瀚知识，我们需要一点一点下功夫去学习，找到适合自己的方法，才能寻到"自在"的感觉，学有所成，学有所用。

朱熹是宋代非常具有代表性的人物，开创了程朱理学，是儒学的集大成者，被尊称为朱子，是中国教育史上极具分量的人物。他的《四书章句集注》是一部理学名著，后来成为科举考试的标准，从元代至清朝受到历朝历代君王的垂青。康熙皇帝称赞朱熹："集大成而绪千百年绝传之学，开愚蒙而立亿万世一定之规。"

中国四大书院之一的白鹿洞书院和朱熹也有一段故事。1179年，朱熹任知南康军。他早已听闻这附近有曾经与金陵秦淮河畔国子监齐名的"白鹿国学"，一次他在行视陂塘时，便想寻访白鹿洞。在樵夫的指点下，一行人好不容易找到了，可眼前的景象令众人大吃一惊。断壁残垣，杂草丛生，朗朗的读书声仿佛已经是非常久远的故事。太让人惋惜了，朱熹决定要修复白鹿洞书院。他费尽心思，自己兼任

▲ 白鹿洞书院

阅读的最大理由是想摆脱平庸，早一天就多一份人生的精彩；迟一天就多一天平庸的困扰。 ——余秋雨

洞主，督促书院的修复，补充书籍，聘请名师，制定教学规范，还请皇帝御书匾额。书院很快兴盛起来，学子竞相往之。值得一提的是朱熹的《白鹿洞书院揭示》给后世带来了巨大的影响，它是世界教育史上最早的教育规章制度之一，这种模式为后世所效仿，享誉海外。在朱熹过世后，其学生李燔担任堂长，白鹿洞书院成为全国书院之首，"讲学之盛，它郡无比"。书院的发展也带动了当时的读书风潮，读书风气日盛。宋代的书院发展非常迅速，成为当时教育体系的支柱之一。

宋代"重文轻武，疑忌武人"；"国家自艺祖开基，首以文德化天下"。文人的地位高涨，很多出生卑微的人也通过科举考试成为士大夫，获得了较高的社会地位。这一情况的发生使更多人开始读书，还出现了"满朝朱紫贵，尽是读书人"的说法。在这样的风气下，科学文化领域得到长足发展。

到了明朝，一位能与孔子、孟子、朱熹比肩的人物出现了，他就是王守仁，又叫王阳明。他是明朝中期重臣，当时最著名的思想家、文学家、哲学家和军事家，心学的集大成者，反对程朱理学，是中国历史上罕见的全能大儒。在这样的一位能人身上，发生了很多与书相关的故事。8岁那年，王守仁得到了一个心爱之物——象棋。这是祖母对他学业精进的奖赏。课间，王守仁经常拿出棋子与同学对弈，渐渐入迷，放到读书上的心思就变少了。一次，王守仁与同学对弈的时候，两人发生了争执，争得面红耳赤时，他的父亲过来了。父亲认为他"心思都在棋上，玩物丧志"，便将棋子丢入河中。王守仁从哭泣到怨恨，再到反省，渐渐地体会到父亲的良苦用心。他提笔写下一首诗："象棋终日乐悠悠，苦被严父一旦丢。兵卒坠河皆不救，将军溺水一齐休。马行千里随波去，象入三川逐浪游。炮响一声天地震，忽然惊起卧龙愁。"于是他决定改变自己，发奋读书。也许正是这个小插曲给他带来的改变，才让他开启了精彩的阅读生涯，为今后成为一代大家打下了良好基础。

▲ 王守仁

和前朝的很多大家一样，王守仁也是乐于传道授业的。他创立了龙岗书院，以"立志、勤学、改过、责善"勉励学子。后来，他又应邀在文明书院讲学，其"知行合一"学说令当时的学界耳目一新。在修濂溪书院、白鹿洞书院、稽山书院、敷文书院等都留下过他讲学的身影。王守仁的讲学推动了明朝中叶书院的发展，同时也对社会良好读书风气的形成起到积极的推动作用。

很多读书人都将一句话挂在嘴边："天下兴亡，匹夫有责。"其实，这句话最早的概念源自顾炎武的《日知录·正始》："保国者，其君其臣肉食者谋之；保天下者，匹夫之贱与有责焉耳矣。"顾炎武作为一位从科举考试的桎梏中挣脱出来的大儒，杰出的思想家、经

▲ 顾炎武

学家、史地学家、音韵学家，他开启了一代朴实学风的先路，称得上是清学之祖。顾炎武的一生真正做到了读万卷书，行万里路。据《亭林先生神道表》记载："凡先生之游，以二马三骡载书自随。所至厄塞，即呼老兵退卒询其曲折；或与平日所闻不合，则即坊肆中发书而对勘之。或径行平原大野，无足留意，则于鞍上默诵诸经注疏；偶有遗忘，则即坊肆中发书而熟

一本新书像一般船，带领着我们从狭隘的地方，驶向生活的无限广阔的海洋。 ——[美]海伦·凯勒

复之。"这是认真做学问的态度啊！认真读书，但并不尽信书，在实地考察中，还会加以订正和批注。如此认真治学的顾炎武面对自己的书稿被老鼠咬坏时，却不愠不怒，只是再次撰写。有人劝他先消灭老鼠，他却说：老鼠咬我的书稿是为了鼓励我认真思考、修改，不然，我怎么会五易其稿呢？

从前人对图书的修订、笺注、编目的工作中，我们可以看出古人对书的爱惜，对前人智慧的重视。到了明、清两朝，类书、丛书的编著工作呈现集大成之势。被称为"古代百科全书"的《永乐大典》《古今图书集成》《四库全书》三部巨著均在明清时期完成。《永乐大典》编撰于明永乐年间，收入古书约七八千种，现存世仅800余卷且散落在世界各地。《古今图书集成》的编纂时间长达28年，从清康熙年间开始编辑，直到雍正年间才成书，是现存规模最大、资料最丰富的类书，包含天文、地理、文学、乐律、禽兽、昆虫等门类。《四库全书》成书于乾隆年间，收书3500多种，7.9万余卷，3.6万余册，约8亿字，几乎涵盖了古代中国所有的学术领域，由纪昀等360多位高官和学者耗时13年编成。这三部书的编纂都有严格的整理、抄写、校订过程，很多古籍因此得以保存。

进入晚清，世界局势发生了巨大变化，在中华大地上也掀起了洋务运动，四书五经已经不能够满足时代的需要。这时，张之洞和吴棠一起，在成都建立了尊经书院，请了各个名师大家分科讲授。张之洞还撰写了《书目答问》《輶轩语》，告诉学子们什么样的书是好书、应该阅读什么书籍、应该如何做学问等。《书目答问》收书2200余种，更加注重收录清后期的学术著作以及科技方面的图书，在重要的部分还加上了按语，写明阅读方法。徐特立先生就曾受到这两本书的影响。当时的他准备去参加科举考试，就将自己写好的八股文带给长沙城里有名的陈云峰先生，请他帮忙看看写得怎么样。可陈老先生并不支持他研习八股文，而是希望他能够多读书。在老先生眼里，科举考试是束缚人思想的枷锁。半年后，徐特立再次登门拜访，迷茫的他想知道自己可以阅读哪些书籍。这一次，陈老先生赠给他一把扇子，并亲自题了扇面："读书贵有师，尤贵有书。乡村无师又无书，但书即师耳。张之洞《书目答问》即买书之门径，《輶轩语》即读书之门径，得此二书，终生受用不尽。"这几句话给徐特立指明了方向，最终，他成为中国杰出的革命教育家。

现在，中国的领导人，名人、大家，各行业中的成功人士都愿意将自己的选书方法和自己的书单拿出来与人分享。习近平总书记在多个重要场合谈及自己的"读书单"，这份书单里有《诗经》《经济学》《理想国》等。李克强总理提到过《钱商》《第三次工业革命》。在商界人士中，马云是资深"金庸迷"，还常读《道德经》；王健林爱儒家经典，推荐过《论语》；李嘉诚的书单里有《富足：改变人类未来的4大力量》；李彦宏钟爱《眨眼之间：不假思索的判断力》；潘石屹在人生低潮时就读《平凡的世界》。在文学界，余秋雨曾向读者推荐《中国历代经典宝库》；对杨红樱教育观影响最大的书是《爱弥儿》；毕飞宇的私家书单里有《十又二分之一章世界史》；阿来则推荐了《已知的世界》。娱乐圈也乐于分享，何炅推荐过《巴巴爸爸的诞生》；白百何的书单里有《爷爷一定有办法》……分享在继续，在他人的书单里，我们可能也能找到自己的心头好。

中国有句名言："耕读传家久，诗书继世长。"耕田可以事稼穑、丰五谷，养家糊口，以立性命。读书可以知诗书、达礼义，修身养性，以立高德。"耕读传家"既学做人，又学谋生。本分做人，不废学业；耕读为生，朴中带雅。诗书传家以德育人，虽可能一时衰

书籍是最好的朋友。当生活中遇到任何困难时，你都可以向它求助，它永远不会背弃你。 ——[法]都德

败，但总能在一二代后出现英才，重振宗族，使之绵延不绝。

历史上还发生了很多有关读书的故事，值得我们一晓。我们选择其中的几个，与大家分享，这些典故激励着一代又一代的中华儿女崇尚阅读，勤奋学习。

—— 诸葛亮

▲武侯祠内的诸葛亮塑像

一提起三国时期，毫无疑问，诸葛亮是众人眼中的智者。他是蜀汉丞相，杰出的政治家、军事家、发明家。唐代诗人元稹有诗云："拨乱扶危主，殷勤受托孤。英才过管乐，妙策胜孙吴。凛凛《出师表》，堂堂八阵图。如公全盛德，应叹古今无！"明快的语言书写出一代贤相非凡的才能与不朽的业绩。作为三国历史上最为人所熟知、最被人津津乐道的人物，他上知天文，下晓地理，知识渊博，善于谋略，丰富的知识储备正是成就他事业的基石。

诸葛亮出生在琅琊阳都，先祖诸葛丰曾在西汉元帝时做过司隶校尉，父亲诸葛珪在东汉末年做过泰山郡丞。良好的家世背景并没有给诸葛亮创造优越的生活条件，相反，诸葛亮自幼便开始了躲避战乱的生活。后来，父亲与叔父的相继去世，让原本不易的生活变得更加艰难。建安二年，诸葛亮与弟弟诸葛均在隆中定居下来。这时的隆中战乱较少，局势相对平稳，为诸葛亮静心学习、思考创造了条件。隆中十年，他"躬耕陇亩"，博览群书，广交士林。《魏略》记载："亮

让阅读 成为一种生活方式

在荆州，以建安初与颖川石广元、徐元直、汝南孟公威等俱游学，三人务于精熟，而亮独观其大略。每晨夜从容，常抱膝长啸，而谓三人曰：'卿三人仕进可至刺史郡守也。'三人问其所至，亮但笑而不言。后公威思乡里，欲北归，亮谓之曰：'中国饶士大夫，遨游何必故乡邪！'"这里提到了诸葛亮读书的一个重要方法"观其大略"。意思就是，诸葛亮读书只看书中的大致内容，将注意力集中在吸取书中重要经验等实质内容，把握书本的精髓与实质，而对字句表述方式等不甚在意。在这样的读书方法下，诸葛亮博览群书，闭门十年读经典，终成饱学之士，具备真才实学而实现其管乐般"兼济天下"之志。他在治国安邦、经济建设、军事兵法、发明创造、书法、绘画、音律、文学上均颇有造诣，并在三国魏晋时期大放异彩，成为后人笔下"善无微不赏，恶无纤而不贬"，"识治之良才，管萧之亚匹"的贤相。

—— 苏轼

北宋的大诗人苏轼，在诗、词、散文、书、画等方面取得了很高的成就。古文作品《荀卿论》《进策》《石钟山记》，诗歌作品《赤壁赋》《惠崇春江晚景》《题西林壁》，词作《江城子·十年生死两茫茫》《定风波·莫听穿林打叶声》《水调歌头·明月几时有》，书法作品《洞庭春色赋》《李白诗仙帖》等在当时就驰名遐迩，广受欢迎，在后代文人的心目中他就是一位天才的文学巨匠。欧阳修曾赞苏轼："此人可谓善读书，善用书，他日文章必独步天下。"蔡嵩云也在《柯亭词论》中写道："东坡词，胸有万卷，笔无点尘。其阔大处，不在能作豪放语，而在其襟怀有涵盖一切气象。若徒袭其外貌，

书籍是天才留给人类的遗产，世代相传，更是给予那些尚未出世的人的礼物。
——[美]爱迪生

▲ 眉山三苏祠苏东坡塑像

何异东施效颦。东坡小令，清丽纡徐，雅人深致，另辟一境。设非胸襟高旷，焉能有此吐属。"

在苏轼身上也有很多关于读书的小故事。他的才学众人皆知，可是他的才学是从何而来的？陈鹄《西塘集耆旧续闻》给出了答案。

朱司农载上尝分教黄冈。时东坡谪居黄，未识司农公。客有诵公之诗云："官闲无一事，蝴蝶飞上阶。"东坡愕然曰："何人所作？"客以公对，东坡称赏再三，以为深得幽雅之趣。

异日，公往见，遂为知己。自此，时获登门。偶一日谒至，典谒已道名，而东坡移时不出：欲留，则伺候颇倦；欲去，则业已通名。如是者久之，东坡始出，愧谢久候之意。且云："适了些日课，失于探知。"坐定，他语毕，公请曰："适来先生所谓'日课'者何？"对云："抄《汉书》。"公曰："以先生天才，开卷一览可终身不忘，何用手抄也？"东坡曰："不然。某读《汉书》至此凡三经

让阅读成为一种生活方式

手抄矣。初则一段事抄三字为题；次则两字；今则一字。"公离席。复请曰："不知先生所抄之书肯幸教否？"东坡乃命老兵就书几上取一册至。公视之，皆不解其意。东坡云："足下试举题一字。"公如其言，东坡应声辄诵数百言，无一字差缺。几数挑，皆然。公降叹良久，曰："先生真谪仙才也！"

从这则小故事中，我们可以看出，当时已为大文豪的苏轼竟将抄《汉书》作为自己每日的功课，他对书的痴爱由此可见一斑。也正因如此严谨的态度，如此痴迷的精神，苏轼在拥有丰富的积累后，其创作呈现着一种"通"的精神。我们可以读到"十年生死两茫茫，不思量，自难忘。千里孤坟，无处话凄凉"的婉约，也能体会出"大江东去，浪淘尽，千古风流人物"的开阔与振奋、豪迈与奔放。多样性的特征在苏轼身上有了很好的体现。

—— 钱谦益

明末清初，在常熟虞山有一座藏书楼，名为绛云楼。它属于钱谦益和他的夫人柳如是，是他们居住和读书的地方。"风飘花露频开卷，日照香婴对校书"的美丽故事就发生在这里。

钱谦益是一个笃爱善本珍籍的人。从年轻时开始，他就开始了寻书购书的历程。曾经花费重金购买了当时四大藏书家刘凤、钱允治、杨仪、赵用贤的藏书。其中最有名的是赵用贤的脉望馆，藏书达四十八橱。为了脉望馆的全部书籍，钱谦益花费了两万金。而为了宋刻本《汉书》，钱谦益更是用了几年的时间探访，最终用了一千二百金的高价买回，成为他的心头宝。因为钱谦益对书的豪气，当时的书商对钱谦益趋之若鹜，"书贾奔赴，捆载无虚日"。钱谦益爱书，也

藏书万卷可教子，遗金满籯常作灾。　　——（宋）黄庭坚

带动了当时文人藏书的爱好，一时间藏书风气盛行。

▲ 钱谦益画像

钱谦益好藏书，也好读书。曹溶在《绛云楼书目题词》中写道："宗伯每一部书，能言旧刻若何，新版若何，中间差别几何，验之纤悉不爽，盖于书无所不读，去他人徒好书束高阁者远甚。"

绛云楼里，收藏了钱谦益所有的心血。他重新分类编目，整整装了七十三橱。据《牧斋遗事》记载："大江以南，藏书之富无过于钱。"可见藏书之多。绛云楼吸引了众多的学子前来拜访。这其中还有一个与曹溶有关的小故事。当时曹溶家中也有不少藏书，钱谦益在拜访时发现有自己尚未收藏的藏书，便借回去抄写。爱书之心，人皆有之。后来，曹溶也提出"先生必有路振《九国志》、刘恕《十国纪年》，南归幸告借"，钱谦益当时答应了，可后来却反悔了，说自己没有这两本书。不料，绛云楼迎来了一场大劫。乳母带着小女儿在楼中玩耍，在剪烛芯时，火星蹦进了纸堆中。火熊熊燃起，一切已经不可挽回，钱一生心血付之一炬。面对着这场不可能扑灭的大火，钱谦益仰天大呼："天能烧我屋内书，不能烧我腹内书！"后来，钱谦益在宋版《汉书》跋中写道："甲申之乱，古今书史图籍一大劫也。吾家庚寅之火，江左书史图籍一小劫也。今吴中一二藏书家，零星掇撷，不足当吾家一毛片羽。"这一场大火，成为中国藏书史上的一次巨大的损失。钱谦益自己后来也悔恨万分，他对曹溶道："我有惜书癖，畏因借辗转失之。子曾欲得《九国志》《十

让阅读 成为一种生活方式

国纪年》，我实有之，不以借予。今此书永绝矣。若使钞本在，余可还钞也。"

—— 鲁迅

在鲁迅生活的时代，正是中国面临被列强瓜分的时代，封建统治早已腐朽，摇摇欲坠不能自保，人民生活在水深火热之中。在这个风雨飘摇的年代里，鲁迅一直在思索救国救民的道路，并在这条道路上艰难跋涉。鲁迅当过医生，想通过自己精湛的医术拯救世人，可很快便发现，世人病了的并不仅仅只是身体，精神上的麻木、懦弱是更大的疾病。至此，鲁迅弃医从文，立志为民族复兴而读书。鲁迅的一生，大部分的时间用在了读书、购书、藏书、编书、译书、著书中。在短短的二三十年时间里，他创作约300万字，翻译约300万字，辑校古籍约300万字。

在我们的心目中，鲁迅是中国文化革命的主将，笔就是他战斗的武器。如何使自己的武器更加锋利，更有战斗力，鲁迅认为其中一个很重要的方面就是读书，认真、广泛、坚持不懈、有创造性地读书。鲁迅读书，除了从自己本身感兴趣的方向出发外，他还注重从知识自身结构的完整性和各种知识之间的内在联系考虑。鲁迅认为各个学科之间是有联系的，学习了一方面的知识，可能对另一方面也会有促进作用。他在《而已集·读书杂谈》中说："爱看书的青年，大可以看看本分以外的书，即课外的书，不要只将课内的书抱住，应做的功课已完而有余暇，大可以看看各样的书，即使和本业毫不相干的也要泛览，譬如学理科的，偏看看文学书，学文学的偏看看科学书，看看别个在那里研究的，究竟是怎么一回事。这样子，对于别人，别事，

养成阅读的习惯等于为自己筑起一个避难所，几乎可以避免生命中所有的灾难。
—— [英]毛姆

▲鲁迅画像

可以有更深的了解。"鲁迅通过学习中国古代经典著作打下了坚实的传统文化知识的基础，又广泛涉猎了杂览、野史，获得了丰富的素材。鲁迅还提倡将泛读和精读相结合，这种读书方式能更全面地掌握作家的创作思想。而后，在漂洋过海到日本学习的过程中，西方的政治、历史、哲学等书籍给他带来了巨大的影响，他开始尽其所能地学习。辛亥革命失败后，鲁迅认为"辛亥革命的结果之所以如此坏，是因为辛亥革命没有联系群众"，这种思维成为他文学创作的重要基调之一。后来，鲁迅开始接触马列主义，最终成为坚定的爱国主义者，伟大的文学家、思想家、革命家。

提及鲁迅，不得不说说另一段与他颇有渊源的故事——藏书票。藏书票与藏书印有异曲同工之妙，都是爱书的人用以表明持有书籍的标记之一，表达了对于书籍的热爱和珍视，一般贴在书的封面或扉页上。票面以图案为主，并配有藏书人的姓名、别号、书斋号等，有时还有箴言、警句或藏书年份。藏书票起源于德国，后来慢慢流传到其他欧洲国家，大约在20世纪初传入我国。早年，鲁迅留学日本时就对藏书票有所接触，在1930年6月13日的日记里写道："夜往内山书店买《藏书票之话》一本，十元。"到了20世纪30年代，鲁迅全力倡导的新版画运动，让作为版画一枝的藏书票艺术进入了起步阶段。他在

让阅读 成为一种生活方式

《集外集拾遗（新俄画选）小引》中写道："当革命时，版画作用最广，虽极匆忙，顷刻能办。"他还指出，版画"用在刊物的装饰，文学和科学书的插图上，也就成了大家的东西"。当时，有鲁迅倡导新兴木刻，又有叶灵凤介绍藏书票艺术，李桦、唐英伟、赖少其等优秀的版画家受其影响，开始藏书票的创作，一批优秀的藏书票作品先后出现。到了20世纪80年代之后，藏书票艺术同人民大众的审美需求有了紧密的联系，成为一种大众的艺术。藏书票收藏再度成为热点，激发了人们的极大热情。在这期间，一大批的中国藏书票艺术家和收藏家走向世界，大量的中国藏书票作品参加国际上的藏书票展览，有一些国外藏书票作品也在中国各地展览。藏书票艺术在初入中国时，由于受到鲁迅等知识分子的影响，一开始就注重民族性的表现，这种风格一直延续到现在的藏书票创作。有不少藏书票将中国风书法、篆刻、剪纸、皮影、面塑、蜡染、刺绣等元素融汇其中，散发出强烈的东方古国的气息，为世人所接受和欢迎。

—— 卢作孚

1938年秋天，战火从上海淞沪烧到武汉，武汉会战结束，宜昌形势岌岌可危。近80家企业的设备堆积在长江两岸的码头上，一个国家民族工业的生死存亡全掌握在一个船运企业家手里，这个企业家叫卢作孚，他率领民生公司完成了著名的宜昌大撤退。在日军的炮火下，他把中国最重要的工业企业经三峡抢运到四川大后方，这些企业构成了抗战时期中国的工业命脉，为抗战的最后胜利奠定了物质基础。这场撤退被誉为中国实业史上的"敦刻尔克大撤退"。

卢作孚的身份不单单是企业家，他还是著名的教育家。在"实

有好多书不仅无益，而且有害。应当首先竭力阅读和了解各个时代和各个民族的最优秀作家的书。　——［俄］列夫·托尔斯泰

▲ 卢作孚

业救国"之前，他进行了"教育救国"。他在四川兴起了"新川南，新教育，新风尚"的川南新教育实验。他推行新文化运动，进行新教育实验。在北碚关庙，卢作孚开办了北碚图书馆。他说："创办一个图书馆，供给附近的人们到馆里读书，远的人们到馆里借书。"卢作孚还是四川的通俗教育馆的建设者。博物馆、图书馆、音乐演奏室……这些都是民众可以得到教育的地方。

　　卢作孚的一生并不是一帆风顺的，他的成长也充满了波折。小时候的卢作孚，非常爱学习，目不识丁的父亲节衣缩食，将他和哥哥送进学堂。可命运对这个天资聪颖的孩子开了个大大的玩笑。入学后不久，卢作孚就生了一场大病，无钱医治的母亲只好自己采来草药，给儿子治病。可怕的事情发生了，喝完药后的卢作孚发不出声音，不会说话了。多么残酷，不能再去他喜爱的学堂。可卢作孚好学的心并没有改变，每天他最期盼的事，就是哥哥放学回家后将当天学校教授的知识讲给他听。上天对认真的人，总是格外眷顾。两年后的一天，卢作孚在追燕子玩的时候重重地摔了一跤。奇迹发生了，他又能开口说话了。回到学堂成为他最幸福的事。虽然中间又发生了因为家境贫困而辍学的事，但好在等家中情况稍有好转的时候，父亲答应了他继续念书的请求。卢作孚只身来到成都，进入补习学校自修。这里的书籍给卢作孚带来了巨大的幸福感。他阅读、学习了数学、古文、历史、地理、物理、化学等书籍，同时又对《社会契约论》《进化论》《天演论》《实业计划》《建国大纲》等书刊产生了极大的兴趣。这一时

让阅读成为一种生活方式

期的阅读，卢作孚确立了救亡图存、振兴中华的目标，成为他教育救国、实业救国的起点。

—— 华罗庚

美国著名数学史家贝特曼说："华罗庚是中国的爱因斯坦，足够成为全世界所有著名科学院的院士。"

丰富的知识不是华罗庚与生俱来的，也是通过他的好学、努力、奋斗而来。

华罗庚从小就是好学之人，因为家中贫困，初中尚未毕业，家里就无力供他上学了。但他已经对数学产生了强烈的兴趣，那时候的他有三本书：《大代

▲ 华罗庚

数》《解析几何》和一本只有50页的从老师那里抄来的《微积分》。这是华罗庚自学之路的开始。他起得很早，邻居早起磨豆腐的时候，他已经在看书了；他睡得很晚，豆大的小油灯总是陪他学到深夜。他做到了古时候说的"夏练三伏，冬练三九"。夏天，他感觉不到屋内的闷热，察觉不到蚊子的叮咬，一个字——学；冬天，砚台是放在脚炉上的，磨墨也不耽误做习题的工夫。或许常人很难理解他这么刻苦是为了什么。但他知道天才由于积累，聪明在于勤奋的道理。甚至在19岁那年，他染病，导致左腿残疾，依旧坚持着自己的理想。他说："我要用健全的头脑，代替不健全的双腿！"终于，他的人生进入了拐点，一篇他发表在《科学》杂志上的论文引起了清华大学数学系教

读书时，我愿在每一个美好思想的面前停留，就像在每一条真理面前停留一样。 ——［美］爱默生

授熊庆来的注意，"这个年轻人应该请他到清华来！"华罗庚的数学生涯开始了……

就如今天我们常说的一句话，优秀的人不可怕，可怕的是比你优秀的人比你更努力。华罗庚有一句话，值得大家共勉："任何一个人，都必须养成自学的习惯，即使是今天在学校的学生，也要养成自学的习惯，因为迟早总要离开学校的！自学，就是一种独立学习，独立思考的能力。行路，还是要靠行路人自己。"

—— 毛泽东

一代伟人毛泽东，之所以成为杰出的革命家、思想家、战略家，成为时代的巨人，一个重要原因就是爱读书，良好的阅读习惯给他积累了丰富的知识。毛泽东曾经说过："饭可以一日不吃，觉可以一日不睡，书不可以一日不读。"

毛泽东的图书报刊秘书逄先知曾回忆："毛泽东读书的范围十分广泛，从社会科学到自然科学，从马列主义著作到西方资产阶级著作，从古代的到近代的，从中国的到国外的，包括哲学、经济学、政治、军事、文学、历史、地理、自然科学、技术科学等方面的书籍以及各种杂书。"据中央档案馆统计，毛泽东藏书总数为96473册。这些书涵盖马克思主义经典著作、阐释马克思主义原理的教科书和理论书籍、中国历史典籍、各种中国古书、中国近现代名著、各类工具书、自然科学类图书等七大类。

少年时代的毛泽东就有着强烈的求知欲望。在私塾读书时，他除了跟随老师学习《三字经》《百家姓》《增广贤文》《幼学琼林》和《诗经》《论语》等儒家传统经典外，还读了当时看来是

"闲书"的《精忠传》《水浒传》《三国演义》等书籍。13岁时离开私塾，辍学在家，他读到了《盛世危言》，"天下兴亡，匹夫有责"的思想从这里开始在他心中萌芽。1910年，毛泽东到湘乡东山高等小学堂上学，许多中外历史地理书籍和报刊吸引了他的注意。1911年，18岁的毛泽东来到长沙，第一次接触到了革命派办的《民立报》，革命言论给他的思想带来了巨大的冲击。1912年，毛泽东以第一名的成绩考入湖南全省高等中学。很快，他便发现学校教授的课程很有局限性，于是决然退学，开始了他后来称为"极有价值"的自学生活。在湖南省立图书馆里，西方资产阶级民主主义思想和其他社会科学、自然科学的代表作使他大开眼界，受到了空前的启迪。湖南省立图书馆里也留下了他早出晚归、风雨无阻、如饥似渴的身影。经过湖南省立图书馆的读书生活，毛泽东开始把个人的前途同国家、民族的命运联系起来，胸怀祖国，放眼世界。

在战斗的年代中，毛泽东也充分利用行军、休整的间隙读书。长征途中，他分外珍惜这些书，患病时躺在担架上也不忘记阅读。中央机关撤离延安的时候，他把一部分马列书籍和哲学、军事著作带在身边。

新中国成立后，毛泽东的工作十分繁忙，但他还是千方百计地利用各种空隙，不失时机地阅读。出国访问、去外地开会或视察工作前，他还要自己挑选书籍带上，利用空暇阅读。每年，他订阅的报刊均超过百份。有了大量的阅读作为根基，在面对纷繁复杂的国内外形势时，他的眼光卓尔不群，既有历史的高度，又有时代的高度。对他觉得好的书籍，还会多次阅读。他特别喜读《资治通鉴》，这本书他读了17遍。此外，大约有4000万字的《二十四史》，他进行了通读，有些重要部分还读过多次。正因为几十年来对这些书籍的多次阅

书本原是人类思想的结晶，也就是启发人类思想的母胎。它产生了人生存的意义，它供给了知识饥渴的乳料。　　——郁达夫

读，温故而知新，书中的点点滴滴他都了如指掌，所以，他才能在工作中对各类经典信手拈来，彰显出博闻强记的超常能力以及宽广无际的知识面。经典以外的书，甚至是普通人很少涉猎的书，他也会读。比如一位苏联科学家写的《土壤学》，他也仔细阅读过，并且在上面做了很多批注。

据《毛泽东读书启示》记载，1958年3月，毛泽东初次到成都，主持召开中央工作会议。3月4日下午一到这个蜀汉古都，他就让工作人员去当地的图书馆为他借来《四川省志》《蜀本纪》《华阳国志》等有关四川的书籍。会议期间他亲自挑选了一部分唐、宋、明三朝诗人写的有关四川的一些诗词，连同《华阳国志》，一并印发到会的同志。据有关同志回忆，在成都他从来没有到餐厅吃过饭。在哪里办公、看书，就在哪里吃饭。吃饭的时候，把面前的文件、书籍稍稍往旁边一推，端起饭就吃。一吃完饭，马上就接着工作或看书。

晚年的毛泽东被病魔困扰着，但他仍然坚持阅读。后来，他患有老年性白内障，在手术之后，眼睛暂时看不见，就请工作人员读给他听。摘掉纱布后，他又开始了手不释卷。直到去世前一年，他还在读《鲁迅全集》《二十四史》，还在有的大字本内页做了许多记号，在封面上写画了红圈，写下了"1975.8 再阅"的字样。

全民阅读的"十年之变"

张元济曾说过:"数百年旧家无非积德,第一件好事还是读书。"阅读,对于一个人和一个民族都具有十分重要的意义,它决定着一个人的精神境界,标志着一个国家社会发展的文明程度。我们很难想象,一个没有知识的国家会是什么样子,一个没有知识的民族如何屹立于世界民族之林。近年来,我国及世界各国都在提倡全民阅读。1999年中国出版科学研究所首次发布"全国国民阅读调查报告",目的即在于了解全国国民阅读倾向的发展趋势与文化消费现状。

全民阅读源自于世界读书日(又称"世界图书与版权日")对阅读的倡导。1995年4月23日正式成为一个特别的日子,联合国教科文组织确立每年的4月23日为世界读书日,提出"让世界每一个角落的每一个人都能读到书",希望通过各方努力,推动更多的人进行阅读,爱上阅读,分享阅读,体会阅读之乐。

2006年,作为贯彻落实十六大关于建设学习型社会要求的一项重要举措,原国家新闻出版总署在借鉴国际经验的基础上,提出开展"全民阅读"活动。随后,在中宣部、中央文明办、新闻出版总署、文化部、国家广电总局、教育部、解放军总政宣传部、共青团中央、全国总工会、全国妇联等部门的共同倡导下,全民阅读活动在全国各地蓬勃发展。2016年正是开展全民阅读活动的第十个年头,让我们一

优秀的书籍像一个智慧善良的长者,搀扶我一步步向前走,并且逐渐懂得了世界。 ——秦牧

起回头跟随着全民阅读发展的脚步，每年提取一个关键词，看看这十年我们付出了多少努力，看看所付出的努力又带来了怎样的回报。

—— 2006年

关键词：起航

全民阅读活动从这一年正式起航。中宣部出版局组织协调了11个部委，商定以中共中央宣传部、中央文明办、新闻出版总署、文化部、教育部、总政宣传部、全国总工会、共青团中央、全国妇联、中国科协、中国作协等11家部委的名义，组织和倡导"全民阅读活动"。

有一份倡议书在这一年传遍了大江南北。"书是人类进步的阶梯。当前，我们的经济水平已经发展到了一定阶段，我们必须在关注物质文明建设的同时，更加关注精神文明建设。要通过扎实有效的读书阅读活动，使所有公民树立起正确的荣辱观，让中华民族的传统美德和社会主义的道德规范在头脑中深深扎根并成为行为道德准则……"倡议书里的话句句恳切，提醒着人们阅读的重要性。全民阅读的大幕从这里拉开。

—— 2007年

关键词：活动

进入全民阅读活动推广的第二年，阅读活动在全国范围内如火如荼地开展起来。

为了解决农民"买书难、借书难、读书难"的问题，"农家书屋"工程开始在全国范围内实施。科技、生活、历史、文学等多方面

▲ 农家书屋

的知识通过书屋，来到了农民身边，让他们开阔了视野。

为了让更多的留守儿童能够读到好书，能够与知识相伴。在春节前期，北京发起了"带一本好书回家"的活动。活动号召首都市民为来京务工人员的子女捐赠好书，让他们把书香带回老家，把知识带给孩子。

各方力量也在努力。中国图书馆学会发起的以"图书馆：阅读社会的家园"为主题的各类阅读活动，如："我最喜爱的一本书"征文活动、流动图书车活动。在主题推广活动中，各地图书馆举办书目推荐、讲座、展览、征文、阅读培训等活动，与读者互动，吸引更多的读者了解图书馆、利用图书馆。"我最喜爱的一本书"征文活动吸引了更多人走入书的世界，从阅读中获取知识、感悟生活、丰富阅历、提升自我。对居住地离图书馆较远的人群来说，各省市开展的流动图书车活动给他们带来了福音。流动图书车成为一个个装满知识的流动图书馆，方便了人们的阅读，打造了知识共享

鸟欲高飞先振翅，人求上进先读书。　　——李苦禅

平台。

　　根据中国新闻出版研究院公布的第五次国民阅读调查结果显示：2007年，报纸阅读以73.8%的阅读率位于首位；杂志次之，为58.4%；全国图书阅读率为48.8%；互联网阅读率为44.9%。

——2008年

关键词：奥运、改革开放30年

　　2008年，恰逢北京奥运胜利举办。以"北京奥运知多少"为主题的阅读活动，相继开展。各大出版社积极策划、出版包括奥运知识、奥运语言类、奥运经济类、奥运故事类、奥运理念类和奥运文化等不同门类的奥运图书。拼创意、拼选题、拼内容，一批优秀的图书出现在读者面前，为他们的阅读增色不少。

　　国庆节前后，以"改革开放30年"为主题开展的"我与改革开放30年"读书征文系列活动，展现了30年强国之路的历程。改革的春风吹遍神州大地，30年的沧桑巨变鼓舞人心，这次活动也更加坚定了人们对改革开放事业的信念，增强了日子将会越过越好的信心。

　　举办各类活动，对推广全民阅读起到非常重要的作用，与此同时人们也意识到媒体宣传的重要性。通过媒体的声音，能让更多的人明白阅读的意义，营造全民阅读的氛围。中宣部、中央文明办、新闻出版总署联合发出《关于认真做好2008年全民阅读活动的通知》。三部门决定，在过去两年的基础上继续推动开展全民阅读活动，并要充分利用广播、电视、期刊、报纸、网络、手机短信等媒体形式，广泛宣传全民阅读活动的意义，认真普及不同阶段的活动主题，及时推荐各

让阅读成为一种生活方式

类优秀读物，吸引广大群众积极参与。

而这一年的国民阅读调查结果也有了变化，根据中国新闻出版研究院公布的国民阅读调查结果显示：2008年，首次发布综合阅读率为69.7%。其中，图书阅读率为49.3%，比上一年度增长了0.5个百分点。有六成以上成年人希望有关部门举办读书活动或读书节，这证明人们对读书有期待和需求。

──2009年

关键词：各方推动

全民阅读推广活动以坚定的步伐继续向前迈进。

在当年的世界读书日前后，很多人收到"一本好书，一生财富，今天您读了吗？"的公益短信。温馨的短信犹如响起的闹钟，提醒人们是时候拿起图书，静下心来品味品味了。同一天，翻阅报纸、收看电视的人们发现，这则读书的公益广告也出现了。其实，这是中宣部、中央文明办、新闻出版总署等成立的专门的协调活动办公室做出的努力，目的是在全社会营造多读书、读好书的良好氛围。

书店是每年推广活动的中坚力量之一，许多地方的新华书店都延长了自己的营业时间，并且开展了很多优惠活动。希望能够给读者提供更好的服务。不少书城还邀请来名家名人，举行签售活动，用他们的影响力，鼓励和吸引更多的读者走进书的海洋。

除此以外，全国范围内的读书活动也在继续，包括第六次向全国青少年推荐百种优秀图书活动、"对我帮助最大的一本书"读书征文活动、面向中央国家机关公务员开展"强素质、做表率"读书活动、

知识无涯，而生命有限。既要博古，又要通今，时间实在不够用。
所以，用功读书开始要早。青年不努力，更待何时？　　──梁实秋

▲ "09湿地中国行"总结表彰会在中央电大举行

"09湿地中国行"全国性大型公益读书活动、"中华诵2009经典诵读进高校活动"、"职工书屋"建设活动、"祖国在我心中"全军文学征文活动等。苏州、广州、常德、东莞、厦门、青岛、杭州、深圳等地也开展了丰富多彩的读书节活动。

本年度的国民阅读调查结果显示:综合阅读率同比增长了2.3个百分点,达到72%。人们的阅读兴趣转向了数字阅读,达到24.6%。其中,16.7%的人通过网络在线阅读,14.9%的人接触过手机阅读。网络在线阅读和手机阅读已成为两大主要数字化阅读方式。

另有调查显示,当年我国国民最喜爱的9本书依次为:《三国演义》《红楼梦》《水浒传》《西游记》《围城》《简·爱》《射雕英雄传》《天龙八部》《方与圆》。经典名著受到读者的青睐。

让阅读成为一种生活方式

——2010年

关键词：认知度提高

本年度的国民阅读调查结果显示：国民对阅读作用的重要性认知程度较高，69.1% 的国民认为当今社会阅读对于个人的生存和发展来说"非常重要"或"比较重要"。

这一数据的出现，与国家的大力推广是分不开的。2010年，针对不同人群及各地实际，国家举办了不同的活动着力推广。针对青少年，组织了"第七次向全国青少年推荐100种优秀图书活动""第三次向全国少年儿童推荐优秀少儿报刊活动""手牵手农村青少年阅读行动"，针对广大妇女，举办"家庭阅读日活动"。各地结合自己的实际利用图书馆、文化宫、学校、书屋等，开展沙龙、讲座、竞赛等多种形式的读书交流活动。

媒体营造浓厚的氛围，让读书融入人们的生活。中央电视台利用自身的影响力，在热门节目中推广阅读。在《开心辞典》栏目举办全民阅读中华经典知识竞赛，在《文明中国》栏目制作播出"读书改变命运，知识成就人生"系列专题节目。如果错过节目首播也不用担心，中国文明网、人民网、新华网、央视网等网站也能看到这两档节目。此外，中央电视台还在《光明日报》开设专栏，征集群众读书故事。

2010年还有一件重要的事——"中国全民阅读网"（http://www.nationalreading.gov.cn/）正式开通，从此全民阅读活动有了自己的官方网站。

本年度，我国的综合阅读率持续上升，为77.1%，比2009 年增加了5.1 个百分点。值得一提的是，我国人均每天上网时长和手机阅读时

不去读书就没有真正的教养，同时也不可能有什么鉴别力。　　——［俄］赫尔岑

长有大幅增加。我国18~70周岁网民中有66.3%表示上网从事与阅读相关的活动，除网上阅读新闻外，还有上网搜索图书信息、阅读电子书、阅读电子杂志、阅读电子报等阅读活动。

—— 2011年

关键词：全民阅读进入中央文件

2011年，中央文件中首次出现了全民阅读的身影。十七届六中全会审议通过的《中共中央关于深化文化体制改革、推动社会主义文化大发展大繁荣若干重大问题的决定》，写入"深入开展全民阅读活动"，展现出政府对全民阅读的重视。此外，在新闻出版"十二五"时期发展规划提出"全民阅读工程"列入新闻出版公共服务项目，此后又开始酝酿制订专门的全民阅读中长期战略规划。

2011年还是一个重要的年份，它是中国共产党成立90周年，也是辛亥革命100周年。围绕这两个重要的日子，各类阅读活动次第开展。出版社策划出版了一批庆祝中国共产党成立90周年重点出版物，推荐了一批优秀的党史文献、通俗理论读物和红色经典读物。各地还组织开展读党史、诵经典等读书活动；组织开展纪念辛亥革命100周年主题阅读活动。而这一年的捐书助读重点也放在了革命老区、民族地区、边疆地区、贫困地区留守儿童和进城务工人员子弟以及残障人士等特殊群体身上，重点解决他们的基本阅读需求。

2011年，我国成年人综合阅读率继续攀升，为77.6%，比2010年的77.1%增加了0.5个百分点。图书、报纸、期刊的阅读率有不同程度的下降，但各类数字化阅读方式的接触率较2010年均有不同程度的上升，呈较快增长势头。

—— 2012年

关键词：十八大报告写入全民阅读

党和政府对阅读高度重视，我们可以从以下一系列动作中体现出来：

党的十八大报告历史性地写入"开展全民阅读活动"。

《国家"十二五"时期文化改革发展规划纲要》把"深入开展全民阅读"列为重要的文化建设项目。

国家基本公共服务体系"十二五"规划，把"公共阅读服务"纳入规划。

新闻出版总署将"建设'书香中国'"写入年度通知的标题，下发《关于深入开展全民阅读活动努力建设"书香中国"的通知》。

这一年，全民阅读活动取得了多项成果。国民阅读指数建设工作开启。"七进"活动在各地蓬勃开展。"文明中国"全民阅读活动构

▲ 书香成都·阅动蓉城

任何新的知识，取得的途径只有一条，那便是学，向具有这门知识的人学，向记有这门知识的书本学。 ——吴晗

建 "纸质阅读——在线阅读——移动阅读" 的完整体系。重要惠民工程——农家书屋工程提前三年收官，全面覆盖了全国的行政村，10亿多册图书进农村，极大地改善了农民文化生活。各地举办书香节、读书月等阅读活动吸引几亿读者参加。

2012年，数字化阅读方式接触率继续上升，为40.3%。获取便利、方便随时随地阅读、方便检索信息成为读者转向数字阅读的原因。在我国接触过数字化阅读方式的国民中，有90.6%的读者表示阅读过电子书后就不会再购买此书的纸质版，反映出数字出版对传统出版物的冲击。

—— **2013年**

关键词：数字化阅读接触率首次过半

2013年，调查数据显示，数字化阅读接触率首次过半，达50.1%。数字阅读势不可当，正走进越来越多人的生活。同时，成年国民综合阅读率为76.7%，图书阅读率为57.8%。这是自2007年以来，我国国民图书阅读率连续7年稳步提升。

当年，国家新闻出版广电总局开始组织起草《全民阅读促进条例》。"两会"期间，全国政协委员提交的《关于制定实施国家全民阅读战略的提案》，得到了115名政协委员的联名签署。后来，成立了全民阅读立法工作组，在调研与广泛征求意见的基础上草拟《全民阅读促进条例》。

政府的推行力度继续加强。国务院公布国家新闻出版广电总局组建成立"三定"方案，明确了出版管理司"组织实施全民阅读推广活动"的职责，并将图书处副牌定为"全民阅读办公室"。湖南、湖

让阅读成为一种生活方式

北、江苏、广东、河北、黑龙江、福建、重庆、陕西、新疆等省区都成立了由地方党委或政府主要领导担任负责人的全民阅读组织领导机构，省委宣传部、新闻出版局、教育厅、民政厅、文化厅、工会、团委、妇联等多个部门作为成员单位。

全国范围内形式丰富的活动也在继续开展，包括：以学习宣传贯彻党的十八大精神、社会主义核心价值体系，建设"双百"出版工程，纪念毛泽东同志诞辰120周年为主题的阅读活动，首届全国"书香之家"推荐活动，"向全国青少年推荐百种优秀图书活动"，2013年"大众喜爱的50种图书"推荐活动，"强素质　做表率"读书活动，等等。

据媒体报道，截至2013年底，全国31个省、自治区、直辖市都有了属于本地区的读书活动，大约有400多个城市自发开展了读书节、读书月等活动。

▲ "书香之家"获得家庭

读书给人以乐趣，给人以光彩，给人以才干。　　——［英］培根

—— 2014年

关键词：领导人高度重视

党和国家领导人高度重视阅读。2014年2月9日习近平总书记在接受俄罗斯电视台专访时表示，读书已成了他的一种生活方式，并列举出读书的"三让"："读书可以让人保持思想活力，让人得到智慧启发，让人滋养浩然之气。"上海考察时，习近平总书记要求领导干部"少一点应酬，多用一些时间静心读书、静心思考"。世界读书日前夕，国务院总理李克强给北京三联韬奋书店全体员工回信，肯定创建24小时不打烊书店这一创意，指出这是对全民阅读的生动践行，希望三联韬奋书店把24小时不打烊书店打造成为城市的精神地标。

这一年，国家层面的阅读促进机制正在形成。国务院政府工作报告首次提出"倡导全民阅读"。当年的全民阅读活动的通知，提出要继续推动《全民阅读促进条例》《国家全民阅读中长期规划》的起草、制定工作，鼓励各地积极推动全民阅读立法工作。11月27日，《江苏省人民代表大会常务委员会关于促进全民阅读的决定》正式颁布，并从2015年1月1日起实施。这是我国第一部全民阅读的地方性法规，其颁布与实施对其他省市加快全民阅读法治建设、建立巩固全民阅读工作长效机制具有显著的示范意义。

2014年，我国成年国民阅读率为78.6%。数字化阅读方式的接触率继续上升，为58.1%，首次超过纸质图书。有数字化阅读行为的成年人中近九成为49周岁以下人群，纸质读物阅读仍是近六成国民倾向的阅读方式。

让阅读 成为一种生活方式

▲ 三联韬奋书店

读书可以让人保持思想活力，
让人得到智慧启发，
让人滋养浩然之气。

书能保持我们的童心；书能保持我们的青春。　——严文井

—— 2015年

关键词：立法

2015年1月1日，我国首部地方全民阅读法规《江苏省人民代表大会常务委员会关于促进全民阅读的决定》开始在江苏省正式实施。3月1日，《湖北省全民阅读促进办法》正式实施。上海、福建、深圳等省市的全民阅读立法工作也在紧锣密鼓地进行。另外，《公共文化服务保障法草案（征求意见稿）》和《中华人民共和国公共图书馆法（征求意见稿）》均在2015年面向社会公开征求意见。

这一年，全民阅读第二次进入政府工作报告，书香社会的概念被提出。报告中写道："文化是民族的精神命脉和创造源泉。要践行社会主义核心价值观，弘扬中华优秀传统文化。繁荣发展哲学社会科学，发展文学艺术、新闻出版、广播影视、档案等事业，重视文物、非物质文化遗产保护。提供更多优秀文艺作品，倡导全民阅读，建设书香社会……"

各方力量的推广仍在继续，多地公共图书馆、文化馆（站）免费开放。书香校园、农家书屋、书香童年阅读工程等全民阅读项目持续发展。民政部、解放军总政治部宣传部、全国总工会等部门就本系统发布阅读倡议书、通知，开展活动，建设基层阅读设施。

根据全国国民阅读调查结果显示：2015年，我国成年国民综合阅读率为79.6%。成年国民人均纸质图书和电子书合计阅读量为7.84本。我国成年国民日均手机阅读时长首次超过一小时。

让**阅读**成为一种生活方式

—— 2016年

关键词：十周年

2016年是中宣部、国家新闻出版广电总局等部门倡导和开展全民阅读活动十周年。

《全民阅读促进条例（征求意见稿）》向社会公布。这将为全国持续开展全民阅读活动提供制度保障，也将使全民阅读成为保障公民基本文化权利和提升国民文明素质的重要途径。

全民阅读第三次进入政府工作报告。报告提出："深化群众性精神文明创建活动，倡导全民阅读，普及科学知识，提高国民素质和社会文明程度。"

截至2016年3月，全国已有25个省（自治区、直辖市）成立了全民阅读组织领导机构。这些组织机构大部分由省委、省政府牵头，省级财政、文化、教育、新闻出版广电等相关行政部门任成员单位，办公室大多设立在新闻出版广电局，推动了地方全民阅读的统筹规划和资源配置，通过开展活动、搭建平台、资金支持、提供场地等方式逐渐组织培育起各种阅读推广力量。

全民阅读活动仍在继续，内容生产者在为自己的精品努力；活动组织者在策划更受人们欢迎的活动；推广者在思考着如何加大宣传推广力度，引领全社会形成良好的阅读风尚；还有人在探索如何充分利用互联网平台，提升数字化阅读的质量和水平，社会各方力量都在积极参与全民阅读工作。全民阅读正在走向法制化，全民阅读组织领导

生活里没有书籍，就好像没有阳光；智慧里没有书籍，就好像鸟儿没有翅膀。 ——［英］莎士比亚

机构在建立健全，全民阅读工作体制机制在不断完善，基础阅读设施体系在进一步搭建。所有的一切都让我们满怀期望，我们期待着生活中盈满书香的未来。

断机教子的故事

　　孟子小的时候学习不太用心，有一次放学回家，他母亲一边织布一边问他学到了什么新知识。他漫不经心地说："就那个样子。"他母亲见他无所谓的样子，十分生气地用剪刀把织好的布剪断，教育孟子说："你荒废学业，如同我剪断这布一样。布没织完就没有用，学习不坚持到底就是浪费时间。"孟子听了母亲的教诲，深感惭愧，从此发愤读书，勤学不止，终于成为大思想家，被后人称为"亚圣"。

　　我们生活在一个快节奏的时代。清晨，太阳从地平线上跃出，将阳光送向大地的时候，从睡梦里醒来的人们知道忙碌的一天开始了。伴随着繁忙而来的还有工作压力、生活压力。我们也生活在一个信息爆炸的时代，每天电视、报纸、微博、微信、各类APP，有太多的信息进入我们的大脑，等待消化、处理。上述的一切，给我们带来了移动阅读、感官阅读、浅阅读等新名词。可获取知识、接受文化、认知世界，仅靠这些是不够的。全民阅读就在这时应运而生了，它引导人们正确阅读，教人们如何提高阅读效率，使人们明白阅读的重要意义。经过十年的辛勤耕耘，华夏大地上的很多城市都已经在开展属于自己的读书活动。这些活动有着多样的形式和丰富的内容，包括读书节、读书周、读书月等，社会影响力也在逐渐增大。有很多优秀而典型的品牌阅读活动值得我们一起了解和分享。

—— 北京

　　北京是一个四四方方的城市，作为我国的政治、经济、文化中心，有着近千年文化，北京的读书氛围是浓厚的。阅读推广活动自然也是既有传统活动的优点，又有创新思维的勇敢尝试。除了连续多年举办

　　外物之味，久则可厌；读书之味，愈久愈深。　　——（宋）程颐

北京国际图书博览会、北京国际图书节、北京阅读季、首都读者周等活动以外，带着情怀的北京书市和新颖的北京换书大集值得一提。

■ 北京书市

每个读书人对书，都有属于自己的情结。那也许是小巷子里一间不起眼的小书铺，也许是某种纸张特别的气味和手感，也许是阅读时特定的音乐，一千个人会给出一千种答案。但在很多居住在北京的读书人心中，地坛书市是一个共同的情结，那是一代人的成长记忆。地坛书市因在地坛举办而得名，后来在国家图书馆、首都体育馆等地也举办过，2014年升级成为北京书市后，落户朝阳公园。因为它的坚持举办，让北京成为目前唯一的一个连续举办25年大型书市的城市。每逢书市，便成为爱书人、书店和出版社的狂欢节。王府井书店、西单图书大厦，驻京的知名出版社如商务印书馆、三联书店、中华书局、人民文学出版社、中国书店出版社等，以及一些小出版社和民营书商都会参加。

北京书市常办常新，2016年它又有了新的模样。这次活动的主题定为"书香溢京城　全民享阅读"，从4月15日起，举办时间达11天。这段日子里，朝阳公园成为文化的海洋，国内百余家大型出版文化企业汇聚，40万种正版优秀图书和音像制品琳琅满目。其中有老也有新，有国货也有洋货。近200万种古旧书和20余万种最新畅销书相互辉映，1.3万种进口原版书及其他优秀图书也吸引着爱书人的目光。

科技改变生活的今天，"互联网+"模式怎么能缺席，网络书市怎么能不上线？这届书市中，喜爱"扫一扫"的人们可以通过关注微信公众号，下载APP，免费领取门票，就可以赖在家里客厅的沙发上，摆出舒服的"熊猫瘫"的姿势，动动手指就可以查地图、看日

让阅读 成为一种生活方式

▶ 北京书市

程、观直播、购爱书，真是"手机在手，天下我有"的感受。当然，如果看到名家签售、公益活动、亲子阅读是自己喜欢的，还是可以领了免费门票，迈开腿，到现场看看。北京书市做出如此方便爱书人的举动，就是为了引导大家"多读书、读好书、善读书"，可谓是用心良苦。

"线上+线下"，齐头并进，全新的概念，让北京书市成为站在时代浪潮上的冲浪者，为倡导全民阅读、打造书香北京，秀出了令人称赞的身影。

■ 北京换书大集

把自己手中的闲余图书与别人进行交换，以物易物你尝试过吗？自2011年起，北京市民手中的书有了新的去处——下一个认真阅读它的主人。由首都图书馆策划并组织的大型阅读推广互助活动——北京换书大集，是很多爱读书的人喜欢参与的活动。

每年活动前，人们将手中的闲置书刊送到图书馆，换取相应的换

书中自有黄金屋，书中自有颜如玉。　——（宋）宋真宗

书/刊券，待活动正式开始后，就可以凭借换书/刊券选取图书和书刊，让闲书踏上下一个生命周期的起跑线。

2016年是北京换书大集走过的第六个年头。它没有忘记自己的初心——"分享阅读、快乐阅读、绿色阅读"，这份心意正变得越来越好。首都图书馆是主会场，18个联盟成员是分会场，所有会场都参与收书、换书。每一个活动都有自己的规则，换书大集也不例外，为了保证下一个读者的阅读质量，主办方要求闲置书刊须为国内公开正式出版物，内容健康，品相较好无严重残损，并且每人限换20册图书，暂不接受教材教辅类书籍。

也有读者提出疑问，是不是在换书大集上只能换到旧书呢？非也，非也。为了提升换书质量和爱书人的兴趣，主办方邀请了商务印书馆、人民文学出版社等12家出版机构携新书参与交换。并且，首都图书馆"阅读之城——市民读书计划"评选出的"2015年请读书目"入围图书也将参与换书活动。

如此庞大书籍的数量，现场会形成书海，找到一本好书会像大海捞针一样困难，或者像寻宝一样全凭运气吗？非也，非也。你担忧的，就是图书馆考虑的。贴心的图书馆为了让市民在现场能够最快速地找到自己心仪的图书，早早就将书刊分了类，书籍设置了艺术、科技、生活、社科、文史、少儿六个种类，刊物则分为大众刊物、少儿刊物两类。

我心爱的图书离开了我的身边，我能对它的下一任主人说说话吗？当然可以。你可以在自己的书里夹上一张便条纸，写上几句话。心得也好，叮嘱也好，下一任主人都会看到。

也许正是这样高品质的活动，这样贴心的服务，这样温暖的话语，北京换书大集自举办以来，每一届的参与人数和规模都节节高升，成为北京市重要的文化活动之一。

—— 深圳

"1979年，那是一个春天。有一位老人，在中国的南海边画了一个圈……"这个圈里，就有深圳。这个从小渔村发展起来的特区、改革开放的窗口、连接香港和内地的纽带、"设计之都"和"创客之城"，它曾经用举世瞩目的"深圳速度"，惊艳了世界，如今，它用书香孕育出品位、气质、内涵，编织出别样的风采。2013年10月21日，联合国教科文组织向深圳颁发"全球全民阅读典范城市"证书，这是其授予全球城市关于全民阅读的最高荣誉，深圳也成为世界上迄今为止唯一获得这一殊荣的城市。

深圳读书月，这是每一个深圳人熟悉的节日。每年的11月1日至30日，它都会如约而至。从2000年开始，整整17年的坚持，从政府的积极倡导，到民众的自发参与，阅读潜移默化地改变了这座城市的味道，在忙碌中增加了一抹书香，让这座城市从内里散发出浓郁的文化气息。深圳现已成为我国学习型城市建设的一个典型范例。我们走进深圳读书月，看看这座繁忙都市中的文化净土是如何炼成的。

近来，很多人有一句口头禅："先给自己定一个小目标。""让阅读成为习惯"是深圳读书月给自己定下的小目标。11月就像是手机里设置的备忘录，提醒着人们读书不可荒废。活动不是简单的拉个横幅，做个公益广告，而是采取了多种方式，比如：媒体的宣传和引导、领导、名人的示范作用，图书馆、书店的多种活动，等等。值得一提的是，深圳读书月活动是一个开放的平台，每年它都会面向社会征集活动项目，积极鼓励企业、组织和个人参与。都说思想的碰撞会产生火花，事实也是如此，在深圳读书月中，每年都会有新创意的项

读书有三到：心到、眼到、口到。 ——（宋）朱熹

▲ 深圳人对读书的热情多年来从未消退

目产生，吸引更多人的眼球，让他们参与到活动中来。

　　深圳读书月进行了这么多年，运作又得到了多方的肯定，有没有模式可以参考借鉴呢？答案是，有。深圳读书月的运营模式为"政府倡导、专家指导、媒体推动、企业承办、社会支持、群众参与"。这种模式的好处在于，它打破以往按系统或行政划分的局限，充分整合利用各方资源，提高了运作效率，升级了活动质量，实现了社会效益和经济效益的双丰收。

　　为了保障市民阅读权利，深圳进行了阅读立法。2015年12月24日，《深圳经济特区全民阅读促进条例（征求意见稿）》（以下简称《条例》）获得深圳市第六届人大常委会第四次会议表决通过。2016年4月1日起《条例》正式实施。《条例》规定："全民阅读促进工作遵循政府引导和社会参与相结合的原则，政府与社会各界协同提供全民阅读服务，积极推动全民阅读活动。鼓励企事业单位、其他组织和个人开展全民阅读促进活动。"从这时起，深圳拥有了自己的"全民阅读指导委员会"。《条例》还对公益性全民阅读基金、政府对全民阅读促进活动的经费补贴制度、建设全市统一的数字化图书服务平台等方面也做出了规定。

仅有法规和模式是不行的，全民阅读还需要基础设施的投入和建设。2003年，深圳市提出用三年时间建设图书馆之城，规划到2005年每个社区（村）都有一座规模不等的图书馆（室）或"共享工程"基层网点，构建起一个与城市同边界的巨大阅读空间。据报道，截至2015年12月全市共有图书馆625个，藏书3063多万册。2007年"城市街区24小时自助图书馆"项目启动，至今，已有240台城市街区24小时自助图书馆，覆盖深圳市98%的街道。（陈黎《深圳图书馆625个藏书3063万册》，《深圳晚报》2015年12月16日）近年来，深圳市民年均新藏书97.32万册，率先在全国实现每1.5万人拥有一个图书馆的目标。为了更好地满足读者阅读需求，深圳图书馆每月还会举办一次专题活动，包括"深图活动""深图展览"等，为读者提供各方面的知识。

十年的努力，十年的坚持，让深圳这座商业城市变成了文化绿洲，读书蔚然成风。

——上海

上海，中国的金融之城，它既有中国风的老街和弄堂，也有西方风情的外滩十里洋场，时尚现代又不失传统韵味。海派文化独树一帜。从鸦片战争上海开埠起，这座城市经历了很多，租界、淞沪会战、解放战争……历史上的风风雨雨让上海成为近代中国的"缩影"，拥有厚重的历史底蕴。

买书没有读书难，读书没有消化难。　　——［美］奥斯勒上海是"振兴中华"读书活动的发源地，这个活动经《解放日报》征名，由3000多封来信共同定名，是上海家喻户晓的活动。活动历史悠久，从1982年开始，就受到了国家的关怀，活动覆盖范围越来越全面、群众参与越来越广泛、社会影响越来越巨大。这段历程成为上海精神文明建设的一笔宝贵财富。到了2001年，新世纪的上海读书活动有了新发展——每年12月22日的"上海读书节"。至此，"振兴中华"读书活动与上海读书节结合，迎着时代的召唤，迈出了新的步伐，为市民素质和城市文明程度的提高，贡献新的力量。

　　一项办得好的活动，一定不止一个人的努力，上海读书节正是聚全市之智、集全市之力的代表。2016年上海迎来了第18届读书节。这届读书节仅示范项目就有112项，几乎涵盖了各区县（产业）局、图书馆、职工书屋。活动的举办还讲究延续性，这些活动是分布在4月至10月间，目的是为了让人们觉得身边时时有活动，随时都能受到氛围的感染。图书馆作为书香云集之地，举办的活动一直深受人们的喜爱，逐渐成为上海读书节的经典传承项目。每年图书馆都会设置不同的阅读推广主题：如2008年的"喜迎奥运，和谐中国"读书朗诵艺术竞赛、2010年的"迎世博盛会，展浦东新貌"浦东新区城乡读书系列活动、2015年的"阅读传递悦读"全民阅读推广系列活动等。图书馆还在继续完善软硬件的配备，与时代同步，尽可能满足人们增长的数字阅读方面的需求。上海读书节中，各单位举办的活动都特别注重亲和力，尽可能多地把人们吸引过来共同参与到活动中，有让女性参与进来的上海智慧女性读书系列活动，有把学生作为主体的"绿色阅读·书香伴我成长"活动，有关心外来务工人员的"悦读城市融入上海"上海市进城务工人员读书活动等。

　　上海的"阅读狂欢节"——上海书展，也是每年读书人津津乐道的话题。在著名出版人俞晓群心中，上海书展是这样的：上海书展最没有官气、没有俗气，也没有狭隘的地方气息，是一个正大步向国际化迈进的越办越好的书展，它的魅力，它的个性，它的氛围，都让他痴迷。上海书展自2004年开始，已经走过了十多个年头，成为盛夏时节上海这座国际大都市各界人士翘首以盼的文化盛宴。海量的书籍、丰富的活动、知名人士的加入、主办方的细致周到，每一件事都让读书人欢喜。虽说酒香不怕巷子深，但有了宣传，能让更多人知道读书的好。于是，自上海书展诞生之日起，就十分重视媒体的作用，报刊、电视广播、网络新媒体的关注和报道，对书展的气氛营造起着推波助澜的作

▲ 上海书展

读书之法，在循序而渐进，熟读而精思。　　——（宋）朱熹

用。上海书展还深知联动效应的作用，每逢书展，线上线下的书店、书城，各大图书馆都活跃起来，纷纷设立书展分会场，让活动尽可能覆盖到更多的人，让读书的氛围萦绕在更多人身边。上海书展就犹如春天里盛开的玉兰花，正让更多人的衣襟染上花香。

—— 广州

广州，"千年商都"，华南地区的经济中心。经济发展的势头蒸蒸日上，文化需求也进入旺盛期。在全民阅读的推广过程中，广州进行了一系列的努力。2006年，"书香羊城全民阅读活动"启幕，随后广州市先后制定了两个五年规划，以及2006~2015十年大纲，为全民阅读工作描绘了蓝图。

广州的阅读推广经典活动包括："书香羊城全民阅读月""羊城书展""羊城学堂""中国图书势力榜""花地文学榜""U读海珠"等。发轫于2011年的"书香羊城全民阅读月"，2016年，以经典诵读会的形式拉开大幕，现场揭晓了《重读抗战家书》《群山之巅》《中华文明的核心价值：国学流变与传统价值观》《历史的教训》《想象的另一种可能》等十大好书。2016年的阅读月还有一件值得期待的事情——"阅读专线"正式首发。这条专线由5辆电车组成，在读书月期间，每天穿梭于广州城区的大街小巷，将各主要公共图书馆连接起来，好似串起一颗颗散落的珍珠。每到一处图书馆，电车上都会有语音介绍图书馆的各项服务。"阅读专线"仅仅是各图书馆之间的直通车吗？当然不会那么简单，"阅读专线"本身就是一座流动的图书馆。和艾玛·沃特森掀起的"丢书"活动有点相似，车上每天都会有一些漂流书刊出现，等待喜爱它的人把它带回家细细品读。试想，

▶ 小学生们正在
阅读专线上翻阅
随车配置的书籍

如果这些书有生命，每天等待它们的，都会是一场令人期待的大冒险吧。"阅读专线"还是高科技的专线，车厢里有无线网络、电子触摸阅读、在线听书等，可谓是功能齐全，你想要的，它全都有。

在图书馆建设方面，广州出台了《广州市公共图书馆条例》《广州"图书馆之城"建设规划》，以立法和政府规章的形式实现与保障公众基本文化权益。广州地区各公共图书馆开展读书征文、知识讲座、图书分享会、绘本阅读、手工制作等活动，充分发挥公共图书馆的作用。据报道，广州市经过多方面的努力，阅读氛围正日益浓厚起来。2015年，市区图书馆接待读者1302.5万人次，广州图书馆达到615万人次，日均接待2万人次，还涌现了广州万宝集团有限公司、南沙图书馆东涌分馆等省级全民阅读示范单位和一大批职工书屋示范点和书香家庭、阅读之星等典型。（何道岚、穗宣《2020年广州人均3册馆藏书》，《广州日报》2016年1月28日）

发奋识遍天下字，立志读尽人间书。　——（宋）苏轼

——苏州

有谚曰："上有天堂，下有苏杭。"苏州的美，世人皆知。苏州是国务院公布的第一批全国历史文化名城，历史文化底蕴浓厚。2012年，"书香城市"建设成为全市"十大文化工程"之一。这些年来，以"阅读，让苏州更美丽"为主题的苏州阅读节至今已连续成功举办11届，被国家新闻出版广电总局列为有影响力的品牌活动。而苏州公共图书馆的总分馆模式，被誉为创新的"苏州模式"，向全国推广。

2016年4月23日，第11届苏州阅读节在凤凰山书城拉开帷幕。活动共有13项主题活动，55项重点活动，1179项系列活动。这些活动在5~7月陆续开展，成为人们感受阅读的桥梁。在倡导弘扬中华优秀传统文化的今天，苏州阅读节也作出自己的努力。在本届阅读节上，公布了"苏州传世名著"名单。后续还将有一系列的举措，推广这些富

▲ 苏州公共图书馆的总分馆模式

让阅读成为一种生活方式

有苏州本地特色文化的书籍。具体措施包括：开设专栏，邀请专家撰稿导读，在苏州大讲堂举办名家讲坛，编辑出版相关丛书、大典等。

在苏州阅读节上，全国首部轨交口袋书——《论语——儒者的诤言》首发。这是一本小巧的书，你可以随心地把它放到口袋里。书里还配有定制版苏州轨道交通纪念单程票及藏书票，值得收藏。这本书的诞生是希望将阅读延伸出书店、图书馆，人们在乘坐轨道交通的时候，也能进行阅读，让书香盈满车厢。在此次阅读节上，根据苏州市图书馆2015年度借阅量最高的书目数据，观前书城、凤凰书城2015年度销售量最高的书目数据，以及亚马逊2015年度苏州市民网络购买的纸质图书、下载电子图书的数据，发布了"苏州人最爱的书"书目。《青蛙合唱团——笑猫日记》《白说》《万达哲学——王健林首次自述经营》《解忧杂货店》《三体》（全集）、《乖，摸摸头》《全球通史：从史前史到21世纪》《你一定爱读的极简欧洲史》《无声告白》《岛上书店》上榜。

苏州图书馆的总分馆管理模式受到了很多人的肯定。这种模式借鉴了国际上流行的图书馆服务模式，联系苏州的实际，因地制宜而成。苏州的图书馆众多，有名的苏州图书馆便建在了寸土寸金的老城区中心。图书馆通过服务升级、举办活动等多种方式，积极倡导阅读，激发读书兴趣，充分发挥自身在阅读推广方面的作用。苏州图书馆免费服务活动很多，如讲座、展览、阅览等。还积极地丰富数字资源，除外购的资源数据库外，还自建了"苏州历代方志库""苏州名人库""苏州评弹""文化苏州库"等具有地方特色的数据库，并开展网上读书活动，鼓励读者进行网上阅读，体会足不出户就能坐拥书城的感觉。此外，还举办了雏鹰活动、"阳光书屋"图书捐赠活动等。"苏州图书馆——社区分馆"模式则是从2005年开始的。第一家

风声雨声读书声，声声入耳；
家事国事天下事，事事关心。 ——（明）顾宪成

分馆是在沧浪少年宫建立的苏州市图书馆沧浪少儿分馆。这样为群众谋福利的好事，自然一开始就得到了市政府的关注，并且得到了大力支持。在2007年中国图书馆学会新年峰会上，苏州图书馆总分馆管理模式得到专家学者的充分肯定与赞扬，成为全国建设图书馆服务网络的重要模式之一。在分馆中，民众同样可以享受到免证阅览、预约借书、远程网络咨询、通借通还等服务。分馆的工作人员由总馆统一调配，也保证了专业性和服务质量。苏州的居民再也不用因为图书馆离家远而苦恼，这些开在身边的图书馆成了他们经常光顾的地方。随着网上购物愈来愈方便，网购大军的人数在不断壮大。为了适应时代的发展，2014年，苏州图书馆新增了"网上借阅社区投递"服务。人们可以通过电脑、手机、平板电脑等在网上借阅，图书馆将图书通过物流系统配送到社区分馆或社区服务点，读者在收到通知短信后到指定地点刷卡取书。同样，还书也非常方便，可以到社区分馆或社区服务点归还借阅的图书。此项活动的开展缩短了图书与读者之间的距离，借阅变得如同网购一样方便，同时提高了图书馆资源的利用率，分解馆舍压力。除了有特色的分馆外，苏州还有一个特色——"集装箱图书馆"。这是通过改装二手集装箱而成的，集装箱图书馆外表看似不起眼，但肚子里却非常有"料"。小小的图书馆给建设工地的工友们，带来了丰富的精神食粮。

苏州在阅读推广中做出的种种努力，使越来越多的民众将阅读视为必要的生活方式和习惯，苏州自古以来的读书传统也得到延续和发扬光大。

—— 武汉

武汉，位于我国中部地区，自古以来有"江城"之称，是我国的历史文化名城。2012年，武汉启动"文化五城"建设，5年的时光飞逝而过，如今"读书之城"的建设初见成效。

同其他城市一样，武汉的图书馆也是推动全民阅读的重要阵地。每年围绕主题，并结合实际情况，组织开展系列阅读推广活动是图书馆进行阅读推广活动的常规事项。具体动作有"名家论坛""童窗讲坛""武汉市流动图书书库""阅读接力——图书漂流"优秀读者评选等。2011年，武汉的阅读推广有了新举措。首次推出"24小时自助图书馆"，实现图书馆不打烊。这些"24小时自助图书馆"位于人流量大的公共场所，包括交通站点、城市公园、商业区、大型社区等，一台机器汇聚24小时自助借还书、自助办证、图书馆资源自助查询、预约及续借图书等多项服务功能。是不是非常棒呢？根据光明网报道，武汉全市拥有90家区级及以上图书馆，2224个图书馆、书店、书屋、报刊亭、24小时

▲武汉图书馆大厅

　　　　　　　　读书何所求？将以通事理。　——（清）张维屏

自助图书馆，形成了覆盖中心城区15分钟，新城区30分钟的阅读圈。

实体书店是一座城市不可缺少的重要元素。为了让实体书店拥有良好的发展空间和土壤，2014年，武汉出台《武汉市实体书店扶持暂行办法》，主要内容有：在武汉市文化产业发展专项资金中安排"实体书店扶持资金子项"，扶持具有较高社会知名度、品牌影响力和鲜明经营特色、较大发展潜力的实体书店发展；科学合理布局标志性书城或大型实体书店，在地铁站点、社区商圈配套中开办或引进小型实体书店，给予政策优惠；实行收费标准和金融支持；引导实体书店多元化经营。运用多种方法促进实体书店的发展。一方面是政府的支持和鼓励，另一方面，实体书店的经营者也在开动脑筋想办法。近年来，武汉的许多书店不再单一经营图书业务，而是开始采取复合式经营，不少书店增加了品茗、烘焙、展览、陶艺等服务，部分书店还会定期举办沙龙、音乐会等吸引市民参与，成为越来越多武汉人的时尚生活。

闲居书事

（唐·杜荀鹤）

窗竹影摇书案上，野泉声入砚池中。
少年辛苦终事成，莫向光明惰寸功。

让阅读 成为一种生活方式

全民阅读与中国梦 第四节

　　2012年末，中共中央总书记习近平与新一届中央领导集体共同参观"复兴之路"大型图片展览。在参观展览时，习近平总书记指出："每个人都有理想和追求，都有自己的梦想。现在，大家都在讨论'中国梦'，我以为，实现中华民族伟大复兴，就是中华民族近代以来最伟大的梦想。这个梦想，凝聚了几代中国人的夙愿，体现了中华民族和中国人民的整体利益，是每一个中华儿女的共同期盼。"这是"中国梦"的概念首次被正式提出。此后，习近平总书记又在十二届全国人大一次会议上的讲话中系统阐发了这个思想："实现中华民族伟大复兴的中国梦，就是要实现国家富强、民族振兴、人民幸福；实现中国梦必须走中国道路即中国特色社会主义道路，必须弘扬中国精神即以爱国主义为核心的民族精神、以改革创新为核心的时代精神，必须凝聚中国力量即中国各族人民大团结的力量。"

　　实现中国梦包括经济富强和精神文明两个方面。改革开放30年来，中国取得的成绩有目共睹。目前，中国的硬实力不断增强，但文化软实力发展相对滞后，而纵观全球，当今世界的发达国家几乎都是文化强国。一个国家的竞争力不单取决于它的经济实力和军事实力，更是取决于它的文化软实力。全民阅读作为提升文化软实力的重要举措，在世界许多国家备受推崇。中国国力的进一步提升需要文化软实

有些书只需浅尝，另一些可以吞咽。只有少数
好书需要仔细咀嚼，慢慢消化。　——［英］培根

力的支撑。文化软实力则要求国民具有较高的文化素质。建设文化强国，实现中国梦，推动全民阅读正是提高国民素质、纯化社会风气、构建核心价值的重要基础，是建设文化强国，实现国家富强、民族复兴、人民幸福的中国梦的必经之路。

近年来，全民阅读活动广泛开展，取得了很大的成绩，涌现出了北京阅读季、上海读书节、深圳读书月等诸多品牌活动。随着活动的逐步深入，全民阅读已日渐深入人心。

提升个人素质的基本途径

古语有云，"读万卷书，行万里路"。一个人从降生开始，就生活在人类社会中。我们通过父母、老师、身边的亲友等学习生活经验和社会经验，但这些积累往往也是有限的，我们从书本中获得更多的经验、知识、技能，提升自己适应社会和生存的能力。这些人类智慧的结晶，教会我们的不单单是传承的文化，更是一种品质、一种责任。古语有"腹有诗书气自华，读书万卷始通神"的说法，读书人以"自家慢诩便便腹，开卷方知未读书"自我鞭策，更有人总结出"立身以立学为先，立学以读书为本"的道理，近代以来又有革命者发出"为中华之崛起而读书"的呐喊。养成阅读的习惯，使阅读融入我们的生活，在阅读中云游四方，在阅读中提升自我，用阅读抚平原本浮躁的身心，用阅读树立正确的世界观、人生观、价值观。正如文学大师福楼拜所说："阅读不能改变人生的长度，但它可以改变人生的宽度；阅读不能改变人生的物相，但它可以改变人生的气象；阅读不能改变人生的起点，但它可以改变人生的终点。"

推动经济发展的必然需求

世界已经步入了知识经济的时代，人才成为第一生产力。如何定义人才？他们不是仅仅出卖体力的劳动者，他们是拥有专业知识或专业技能，进行创造性劳动的劳动者。这些高能力、高素质的劳动者将会成为经济发展需要的动力。众所周知，我国是一个人口大国，拥有着巨大的人口资源，如何将人口资源转化为人力资源、人才资源？这就需要全民阅读的推广，通过阅读，提高各个行业从业人员的思想道德素质、科学文化素质，提高劳动技能和创造才能，使劳动者们从单纯的劳动力转化成人力资源，充分挖掘每一个人的潜能，充分发挥每一个人的特长。所有的"小力量"汇聚起来，逐渐聚合成振奋人心的巨大力量。全民阅读，正是让人们充分吸收前人积累的丰富经验，在继承前人经验、了解日新月异的科学技术的基础上改革、创新，使自己成为经济发展的动力。

实现社会进步的必经之路

社会的发展需要持续的动力，新技术、新知识会不断地涌现。人类社会发展到今天，依靠的就是不断学习新知识，不断将知识与社会现实相结合进行开发和利用。这种推进作用不是少数人能够完成的，依靠的是全社会整体的力量。如何让人们自小养成阅读的习惯；让在校的学生发现自主阅读的快乐，不要在"应试教育"中为升学而读；让人们在走出学校，走上工作岗位后，还能够不断"充电"，丰富和完善自身，在工作实践中学习成长，这是急需解决的问题。全民阅读

读书好，好读书，读好书。　——冰心

正是破解这一难题的方法之一，它能够有效地促进社会阅读氛围的形成，促使人们拿起书本，静下心来，重新重视阅读，把读书视为生活中不可缺少的一环，为人才的培育和全面发展提供可能。此外，我国的教育资源、文化资源有地区、城乡的不平衡问题，优秀的资源不可逆转地向发达地区集中，全民阅读有助于保障社会弱势群体的读书权益，让图书走进相对落后的乡镇、街道、社区，真正地深入到普通百姓的身边，深入到爱书人的身边，深入到弱势群体的身边。全民的阅读才能开启民智，才能摆脱贫困，才能缩小地区之间的差距，才能使大众一起进步，构建和谐社会，实现社会进步。

提升国家竞争力的需要

"从根本上讲，一个民族、一个国家的竞争力不是取决于它的物质力量，而是取决于它的精神力量；而一个国家、一个民族的精神力量，不是取决于这个民族的人口数量，而是取决于它的阅读的力量。"（朱永新《应该把全民阅读作为国家战略》，《光明日报》2009年6月27日）文化软实力作为综合国力的一个重要组成部分，国民的文化素质和精神状态受到越来越多国家的重视。放眼世界，美国在1987年就发起了"国家阅读推广伙伴"计划，1998年开始举办全美读书日；英国是世界首个提出"阅读年"概念的国家，1992年就发起了"阅读起跑线"计划；日本先后出台了《关于推进儿童读书活动的法律》和《活字、文字文化振兴法》，以及它的"读书周""国民读书年"活动；德国有"阅读革命""促进阅读基金会"……发达国家纷纷采取多种手段和措施，从不同层面促进全民阅读。国际竞争力也越来越体现于此。全民阅读是世界趋势，近年来中国政府也对全民阅读

让阅读成为一种生活方式

中国梦 读书梦

中国梦承载着每一个中国人的希冀和理想。读好书，让读书成为一种精神追求。古人说："书犹药也，善读之可以医愚。"读书的选择体现人的价值取向，影响人的气质养成，崇尚读书更需要多读好书。

活动进行了大力支持，企业、学校、其他组织也积极参与配合，全社会共同发力，推广全民阅读。中国也在紧跟世界的步伐，采取切实有效的措施来提高国家的文化软实力，努力提升国家竞争力。

增强民族凝聚力的需求

苏联作家罗茨基曾经说："一个不读书的民族，是没有希望的民族。"中华文明绵延五千年，中华民族的血液里有着勤奋读书的文化血脉，有着发扬自己的优秀文化同时不断融合创新的基因，有着悠久治书、出书、读书、藏书的传统，有着"耕读传家"的祖训。先贤们为我们留下了举世无双的典籍，这些典籍经过历史的长河，经过大浪淘沙，传承至今，成为全民族共同的文化遗产、共同的精神纽带。习近平总书记指出："思想文化是一个国家、一个民族的灵魂"，"抛

经验丰富的人读书用两只眼睛，一只眼睛看到纸面上的话，另一只眼睛看到纸的背面。　——［德］歌德

弃传统、丢掉根本，就等于割断了自己的精神命脉。"我们要实现"中国梦"，需要从中华传统文化中汲取成长的力量。在同样的语言和文字的环境中，在阅读同样的典籍的熏陶下，以爱国主义为核心的民族精神才能生根发芽，成长壮大，形成强大的民族凝聚力。鸦片战争后，在那段风雨飘摇的岁月里，中华民族在面临生死存亡时爆发出了几千年来阅读积蓄的精神力量和民族凝聚力。走进21世纪，为了祖国的繁荣与强盛，我们依然任重道远，这需要更强大的民族精神和民族凝聚力，万众一心，为推动社会主义文化大发展大繁荣、建设文化强国、实现中华民族伟大复兴"中国梦"而奋斗。

囊萤映雪的故事

　　晋代大臣车胤，从小酷爱读书，因为家境贫穷，常常没钱买灯油。有年夏天的晚上，车胤发现院子里有许多萤火虫一闪一闪地在空中飞舞，便把这些萤火虫聚集在一起，然后装在白纱布缝制的口袋里，挂在案头，然后借着萤火虫的光读书。

　　晋代的孙康发现白雪映照的光亮可以用来看书，于是他常常在雪夜读书。手脚冻僵了，就起身跑一跑，同时搓搓手。这种苦学的精神，促使他的学识突飞猛进，成为饱学之士。后来，他当上了御史大夫。

让阅读 成为一种生活方式

第三章

千年巴蜀的阅读传统

千年巴蜀的历史文脉

"旱则引水浸润，雨则杜塞水门，水旱从人，不知饥馑，时无荒年，天下谓之'天府'也。"蜀郡太守李冰在岷江出山口处修建的都江堰，让四川有了天府之国的美誉。四川，简称"川"或"蜀"，曾用名还有"巴""巴郡""蜀郡""益州""蜀川"等。首次出现"四川"的名称，还是在北宋真宗年间，那时设了益州路、梓州路、利州路和夔州路，谓之"川峡四路"或"四川路"，后来简称四川。

四川山清水秀，人杰地灵。

山，有峨眉山、青城山、贡嘎山、四姑娘山、大巴山……山色的壮阔，灵动的传说，山山皆圣地。峨眉山的秀，青城山的幽，贡嘎山的王者之气，四姑娘山的超凡脱俗，大巴山的奇异秀美……都令人神往。

水，有金沙江、大渡河、雅砻江、岷江、沱江、嘉陵江、长江……滔滔江水，奔流不息。纵横的河道犹如在四川盆地上书写的苍劲有力的文字，气势磅礴。

地，有中国最肥沃的自然土壤——紫色土，加上温和的气候、充沛的雨量，四川盆地物产丰富。

有诸多大家或生于四川，或长于四川，或因各种原因来到四川。不管怎样，"一方水土养一方人"，四川特有的气质感染着这些人。巴蜀人的性格有浓郁的地方色彩，丰富的想象力和浪漫的个性正是独

立志宜思真品格，读书需尽苦功夫。　　——（清）阮元

特的地理和历史所赐予的。

聪慧勤劳的巴蜀人创造了灿烂的文化，从古蜀文明的代表三星堆、金沙遗址就能一窥当时的繁华。而自文翁化蜀起，当时主流的中原文化与巴蜀文化交融，既使巴蜀文化融入主流文化中，丰富了主流文化的内涵，又使巴蜀文化获得了新的养分，继续成长壮大，繁荣昌盛起来。蜀地之人好学者越来越多，读书之风大兴，使得愈来愈多的文人学士涌现，形成了良好的读书、学习传统。

文翁名党，字仲翁，自己就是一个好学的人。通过举荐进入仕途，在景帝、武帝之际，被任命为蜀郡太守。自此，开始了他的治蜀生涯。《汉书》卷八十九《循吏传》较为详细地记载了文翁化蜀的经过及其成效：

文翁，庐江舒人也。少好学，通《春秋》，以郡县吏察举。景帝末，为蜀郡守，仁爱好教化。见蜀地辟陋有蛮夷风，文翁欲诱进之，乃选郡县小吏开敏有才者张叔等十余人亲自饬厉，遣诣京师，受业博士，或学律令。减省少府用度，买刀布蜀物，赍计吏以遗博士。数岁，蜀生皆成就还归，文翁以为右职，用次察举，官有至郡守刺史者。

又修起学官于成都市中，招下县子弟以为学官弟子，为除更徭，高者以补郡县吏，次为孝弟力田。常选学官童子，使在便坐受事。每出行县，益从学官诸生明经饬行者与俱，使传教令，出入闺阁。县邑吏民见而荣之，数年，争欲为学官弟子，富人至出钱以求之。由是大化，蜀地学于京师者比齐鲁焉。至武帝时，乃令天下郡国皆立学校官，自文翁为之始云。

文翁终于蜀，吏民为立祠堂，岁时祭祀不绝。至今巴蜀好文雅，文翁之化也。

一方面，文翁选拔部分人前往京师学习，另一方面，修建了官学，招收弟子。这是中国历史上第一次由地方政府设立的学校。据《华阳国志》记载："文翁立文学精舍、讲堂，作石室，一曰玉室，在城南。"在文翁的大力推行下，其下属的地方也办起了乡学，好学蔚然成风，整体文化水平也迅速提高。《汉书》卷八十九《循吏传》记载："由是大化，蜀地学于京师者比齐鲁焉。"《华阳国志》卷十上《先贤士女总赞》则说："于是蜀学比于齐鲁，巴、汉亦化之。"一时间，巴蜀大地上处处都是朗朗的读书声，整个社会开启了好读书模式。在这样的社会风气持续影响下，巴蜀之地涌现出像司马相如、扬雄等知名学士。到东汉时，还出现了"四海之内，学校如林，库序盈门"的局面。这也是受到了文翁办官学的影响。当时的人们进入官学，学习儒家经典书籍，经过学校的培养成为儒者、学者，随后"学而优则仕"，儒学也渗透到社会政治生活的各个层面。

▲ 文翁石室

读书不是为了雄辩和驳斥，也不是为了轻信和盲从，而是为了思考和权衡。
——［英］培根

进入隋唐，统治者创立和实行科举制度，无论士庶都可以自由报考，这对调动人们读书的热情起到重要作用。由于科举制度所设科目名目繁多，涉及社会生活的方方面面，这就调动了人们学习各类学问的动力。当时的人们读书，主要是在书馆、家学、私学、书院、太学、道观等地。

书院，顾名思义，是读书学习、传道授业、研究学问的地方。书院起源于唐朝，兴盛于宋朝，待到明清时期已是全面普及。书院除了讲学外，还有藏书、供祭两大功能。唐朝时期，四川的几所书院多是学者个人的读书场所，包括张九宗书院（在今遂宁市）、丹梯书院（在今巴中市）、南溪书院（在今南溪县）、青莲书院（在今盐亭县）等。要说藏书兴盛的原因，还得从唐朝的盛世说起。贞观之治、开元盛世，唐朝天下大治，国家统一，政局稳定，经济发展，民族和睦。声威远扬的唐朝，吸引了各国使臣、商人、僧侣，不绝于途。这些都为文化繁荣、科技发展创造了极好的条件。物质文明的发展使人们在精神上的需要更甚。人们对书籍、对阅读提出了更高的要求，而抄书已经不能满足人们的需要了。雕版印刷就在这时应运而生了。

据《资治通鉴》记载，唐昭宗景福元年："扬州富庶甲天下，时人称扬一益二。"益州的大都市成都已经成为全国最繁华的城市之一。农业、手工业、商业等均发展迅速。作为中国雕版印刷术发源地之一的成都，成为当时大部分印刷品的出品地。图书的数量增加，为人们创造了接触阅读图书、收藏图书的条件。不单是经典著作，其他书籍也开始增多。据柳玭《柳氏家训》序记载："中和三年癸卯夏，銮舆在蜀之三年也，余为中书舍人。旬休，阅书于重城之东南。其书多阴阳、杂说、占梦、相宅、九宫、五纬之流，又有字书小学，率雕版印纸，浸染不可尽晓。"我们可以看出，在公元883年成都的书肆已经可以看到各种类型

让阅读成为一种生活方式

▶蒲江鹤山书院

的书籍了。

进入宋代，统治者大倡文教，先后掀起了三次兴学运动——"庆历兴学""熙丰兴学""崇宁兴学"。三次兴学运动开办了大大小小的官学，这些官学分布在蜀中各处，方便了读书人求学。宋代以后书院具备了教育功能，四川出现了蒲江鹤山书院、涪州北岩书院等。蒲江鹤山书院兴建于南宋嘉定二年（1209年），完成于嘉定三年（1210年），由著名理学家魏了翁创办。《书鹤山书院始末》记载："（讲）堂之后为阁，家故有书，某又得秘书之副而传录焉，与访寻于公私所板行者，凡得十万卷，以附益而尊阁之，取《六经阁记》中语，榜以尊经，则阳安刘公为之记。"根据《中国书院制度研究》统计，蒲江鹤山书院藏书量居宋代各书院之首，甚至超过了国家秘府藏书。在魏了翁的悉心教导与弟子的苦读好学下，首批学子取得了"十而得八"的好成绩，鹤山书院名声大噪。"士之请益者，肩摩袂属，谒无留门，座无虚席，爨无停炊。"（魏了翁《朝请大夫利州路提点刑狱主管冲佑观虞公墓志铭》，《鹤山集》卷七十六）正是因为有了

我从不间断读新科技、新知识的书籍，不致因为不了解新讯息而和时代潮流脱节。 ——李嘉诚

如此丰富的藏书，魏了翁广泛而精深地研究学术，形成自己的思想体系，撰写出了大量的著作，培养了诸多弟子，并形成了著名的鹤山学派。宋代朝廷还对四川上了实行了一系列的政策优待，吸引四川学子参加科举，让其中的能人为国所用。这两个举措，一方面提升了四川教育水平，使蜀中的读书氛围进一步提升；另一方面改变了四川士子不求仕途轻视科举的态度，掀起科举入仕的大潮。南宋初年，成都成为全国教育的中心地区。

元灭南宋使四川的人口、经济遭受了巨大的损失。那时，蒙古大军曾三次进入成都，进行了血腥的大屠杀，四川人民付出了巨大的代价。据《史氏程夫人墓志铭》记载："蜀人受祸惨甚，死伤殆尽，千百不存一二。"大量的财力、物力、人力投入战争，四川的经济、文化发展受到了严重阻碍。此后的元代，四川的经济和文化仍在困难的境地徘徊。唯一值得提及的是，四川书院的藏书得到了较好的保存，绵竹紫岩书院、成都石室书院是藏书较多的书院；更有退休官员向成都草堂书院大量赠书，这些书籍丰富了书院的藏书，支持了书院的教学和研究，也使蜀中典籍得到了一定程度的保存。

直到元末农民起义爆发后，为躲避战乱，才开始有"为湖湘之人往往相携入蜀"。明朝建立后，政府一方面逐步向四川进行大规模的移民，另一方面大力推行休养生息、奖励农桑的政策。加之统治者对教育的重视，地方官员落实到位，一批府州县学及书院在四川兴办起来。科举制度发展到明代，迎来了它的鼎盛时期。科举为读书人提供了相对公平的进入仕途的途径，激发了社会的读书热情，使读书观念得到强化，树立起尊重知识与人才的风气。从明朝四川进士的分布可以看出，当时成都、内江、自贡、重庆、遂宁、南充、乐山、宜宾等中心城市或交通枢纽之地成为杰出人才的集中地区。也可以想象，当时无论在山野乡间，还是城市之中，都充满了浓厚的读书风气。

四川刚喘过一口气，未曾想到，一场新的浩劫又来了。明末清初，战乱遍及全国，90%以上的蜀人或死于战争，或死于疾病，或被迫流亡异乡；四川的图籍、学校等文教资源设施亦焚毁殆尽，几乎造成了四川古代文化的断层。

清初，四川人口已经到了极度稀少的境地。《四川通志》记载："及明末兵燹之后，丁口稀若晨星。"清政府通过几十年的大移民，促进天府之国经济文化的恢复发展，故有"江西填湖广，湖广填四川"的说法。人口的迁移，渐渐使四川的农业、经济复苏，四川的文化教育也出现起色，书院数目开始增长。清代成都的锦江书院、尊经书院等都是比较有名的书院，而四川的书院数量也在清代达到顶峰，共395所，位居全国第二。清朝依旧延续前朝的科举制度，考试内容主要为四书五经一类儒学经典。后来，乾隆皇帝指定方苞编撰八股文《钦定四书文》作为教材，在延续前朝制度的同时，也继承了科举制的利弊。

▶锦江书院

谁知道如何学习，谁就有丰富的知识。 ——［英］亚当斯清末，列强侵略，处于西南一隅的四川也受到冲击。新式学堂纷纷兴起，四川的第一所新式学堂名为经纬学堂。后来，彭县高等小学堂、安县官立小学堂、砥柱学堂、大邑县第一高等小学堂、尚志学堂等一批学堂兴起。四川的历任官员都很重视教育，一方面按照中央学部颁发的"壬寅·癸卯学制"进行改革，另一方面派员去日本和江浙地区学习先进的制度、方法、经验。在政府的大力提倡、政策支持、积极督促和社会各界的共同努力下，经过几年的发展，四川的新式初等教育成绩显著，为四川良好的学习和读书风气的形成起到了重要的促进作用。这些学堂使整个社会教育面向更多的民众，平民的子弟获得了更多的读书机会。儒学经典、中国文学、算术、历史、地理、画图、体操等都是当时教授的内容。值得一提的是，留日学生组织了不少有影响力的翻译团体，翻译了大批日本和西方的近代自然科学、社会科学书籍并输入国内，各级各类学堂以其作为教科书和参考读物。据《中国近代史资料丛刊·辛亥革命》记载，郭沫若曾回忆他在四川读中学时说："我个人来日本之前，在中国的中学所学的几何学，就是菊地大麓先生所编纂的。此外，物理学的教科书则是本多光太郎先生所编的。"留学的经历，让学生们懂得了人人都有权受教育的道理。不管是男子还是女子，都应该进入学堂读书学习。著名教育家张澜，在1920年归国后，就回到四川创办了"端明女塾"，并且潜心于四川教育改革，他自己的两个女儿也进入了女塾读书。随着女子教育越来越得到社会各界人士的认同，呼声愈加强烈。由于女子教育的逐步发展，清政府颁发了《女子师范学堂章程》和《女子小学堂章程》，将女子教育正式列入了学制系统。从此，越来越多的女子开始读书学习。

19世纪末，维新思潮出现。甲午战争的失败、丧权辱国的《辛丑条约》的签订等等一系列事件的发生，激起了四川青年寻求救国真理、救亡图存的斗志，他们开始编写图书，传播民主革命的思想。其中影响最大的就是四川留日学生邹容的《革命军》。章士钊撰写的书评《介绍〈革命军〉》一文写道："卓哉！邹氏之《革命军》也。以国民主义为主干，以仇满为用，驱以犀利之笔，达以浅直之词，虽顽懦之夫，目睹其字，耳闻其语，则罔不面赤耳热，作拔剑砍地、奋身入海之状。呜呼！此诚今日国民教育之第一教科书也！"

民国初期，四川先后多次发生战争，大大小小的军阀各自为政、连年混战，使巴蜀大地生灵涂炭，严重影响了四川政治、经济、文化的发展。这一时期，值得一提的是四川成都出现的市立民众教育馆，它的规模和资产列全省第一。民众教育馆由陈列室、动物园、图书馆、少城公园、中山公园、民众体育场、民众补习学校，组织民众演讲队等部分组成。其中，市立图书馆藏书达7万多册，书报涵盖中文、英文、日文等多种文字，主要靠征集和政府拨款购买。如今我们所知的"流动图书馆"在那时就已经存在了，只不过那时名为"回文书库"，由图书馆将书籍装箱外运，四处巡回送书，方便民众阅读。民众教育馆还开办民众补习学校，给了渴望读书而囊中羞涩的人们一条学习的路。各大学教授及知名人士在这里开设讲座，根据求学的人文化水平的高低，分设高级班、中级班、初级班，课程有国语、英文、数学、中国史地、外国史地、物理、化学等。

1935年，四川省完成了行政上的统一，四川社会逐渐稳定下来。川人正准备大力发展社会教育之时，抗日战争全面爆发。日本人采用种种办法摧残中国的文化与教育。面对着侵略与迫害，东部地区大量的知识分子、学生、高校纷纷内迁西南。国民政府为了提高民众抗战

吾十有五而志于学，三十而立，四十而不惑，五十而知天命，六十而耳顺，七十而从心所欲，不逾矩。
——孔子

意识，坚定抗战决心，提高人民文化水准，统一全民意志，加强了对大后方社会教育的支持。这一时期，四川的社会教育得到发展，读书学习的风气也有所改善。据《二十八年四川教育年报》记载，1937年四川有民众阅报处2140个，民众问学处及代笔处2584个，通俗讲演所604个，图书馆152个，教育馆155个。当时四川的图书馆分为学校图书馆、公立图书馆、民众图书馆。抗战时期，图书馆在民众的日常生活中占有很重要的地位。在精神生活极端贫乏的情况下，图书馆里的精神食粮给了很多人以支撑，无论老幼、无论贵贱，图书馆都向他们敞开了大门，对民众了解抗战的形势、提升个人修养、进行爱国教育、丰富日常生活等方面都起到了很好的作用。

新中国成立后，四川建立起了社会主义教育制度，接收、接管、改造了旧学校，建立了一批新学校，文化教育发展得到加快。1978年党的十一届三中全会召开以后，我国进入了改革开放和社会主义现代化建设新时期，教育也受到了党和国家的高度重视，四川教育步入全面加快发展的时期。扫除青壮年文盲工作、九年制义务教育工作、职业教育工作等的开展，使四川人整体文化素质得到提高。近年来开展的全民阅读活动，让书更多地出现在四川人的书桌上、床头边、背包里……天府之国书香洋溢。自古以来，四川人就有一种逍遥自在的人生态度，闲时看看书、品品茶、聊聊天，生活过得有滋有味。在没有战乱、生活安宁的时代里，四川人骨子里逍遥的态度再度萌发，阅读作为一种休闲娱乐的方式逐渐融入四川人的生活中。在这样的氛围里，孕育出了四川人的聪明智慧，孕育出了四川人的幽默风趣，孕育出了四川人的创新意识。

辉耀巴蜀的读书人

李白有诗云："蜀道之难，难于上青天！蚕丛及鱼凫，开国何茫然！尔来四万八千岁，不与秦塞通人烟。"巴蜀文化就是在这样的自然环境中孕育起来的。经过长时间的融合发展，蜀地成为文化繁荣之地，文人墨客辈出。两千年来，先后出现了司马相如、王褒、严遵、扬雄、陈寿、常璩、陈子昂、李白、苏洵、苏轼、苏辙、杨慎、郭沫若、唐甄、巴金、李劼人等一大批文化大家，辉耀千年巴蜀文化史。

—— 司马相如

司马相如，字长卿，蜀郡（今成都）人（一说为巴郡安汉、今南充市蓬安县人）。他是中国文学史上杰出的代表，被后世学者称为"辞宗""赋圣"。

据《史记·司马相如列传》记载："少时好读书，学击剑，故其亲名之曰犬子。相如既学，慕蔺相如之为人，更名相如。"司马相如是一个大才子，在他的身上，我们能够看到古代巴蜀人的印记。20多岁的他就做

▲ 司马相如画像

了武骑常侍，结识了邹阳、枚乘等辞赋家。后来，因与汉景帝不合而辞官，前往梁地，为梁孝王门客，也就是在此时，他写了著名的《子虚赋》。梁孝王死后，司马相如归蜀，发生了琴挑卓文君的故事。而后，受汉武帝召见，他又写出《上林赋》。"于是乎玄猨素雌，蜼獶飞鼺，蛭蜩蠼猱，獑胡豰蛫，栖息乎其间。长啸哀鸣，翩幡互经。夭蟜枝格，偃蹇杪颠。隃绝梁，腾殊榛，捷垂条，掉希间，牢落陆离，烂漫远迁。"这种奇诡浪漫的思维，与三星堆的青铜文明何其相似。在他的作品中有着奇幻的想象，有着恣意书写的形式，有着华美的色彩，辞藻富丽，结构宏大，字里行间透露出张扬的个性。

在司马相如之后，巴蜀的辞赋家如扬雄、王褒等，都曾对他进行模仿和学习，可以说，司马相如对两汉文坛产生了深远的影响。甚至我们在李白、三苏的身上都能够看见两汉先贤的思想烙印。

▼成都琴台故径

—— 王褒

王褒，自子渊，蜀郡资中（今资阳市）人。《汉书·王褒传》载："宣帝时修武帝故事，讲论六艺群书，博尽奇异之好，征能为《楚辞》九江被公，召见诵读，益召高材刘向、张子侨、华龙、柳褒等待诏金马门。"

据《汉书·艺文志》记载，王褒有赋16篇。今存《洞箫赋》《九怀》《甘泉宫颂》《碧鸡颂》《僮约》等。

▲ 王褒画像

《洞箫赋》是王褒最著名的作品，也是中国文学史上第一篇专门写一种乐器的赋文。赋从竹生长的环境写起，层层推进，细致地描摹了箫声动人心魄的原因、纷繁的变化、美妙声音背后的道德情感。"孤雌寡鹤，娱优乎其下兮；春禽群嬉，翱翔乎其颠。秋蜩不食，抱朴而长吟兮；玄猿悲啸，搜索乎其间。"

除《洞箫赋》外，另一篇《僮约》就更有意思了。这篇赋讲了一个小故事。故事说王褒到成都西北渝上去办事，到寡妇杨惠家喝酒，让其奴仆买酒。小奴仆也特别有脾气，顶撞道："当时买下我时，约好了只帮忙看家，没约定还要帮忙买酒。""契约上写了的事，我就做；如果契约上没有，我说什么也不会做的。"在这样的背景下，王褒写出了《僮约》。王褒事无巨细地说明了小奴仆要做的事，从扫地

读过一本好书，像交了一个益友，时间过得越长，情谊也就越深厚。 ——臧克家

到劈柴，从买酒到烹茶，从种菜到洗衣……语言诙谐有趣，不避俗语俚字，读来让人忍俊不禁。可怜的小奴仆悔不当初，一把鼻涕一把泪地磕头求饶："早知就为王大夫买酒了，万万是不敢作恶的。"正是这细致的约定，记载了当时"烹茶尽具""武阳买茶"的事，也正说明了四川是全世界最早种茶与饮茶的地区。

—— 扬雄

扬雄，字子云，蜀郡成都（今成都郫都区）人，是继司马相如之后西汉最著名的辞赋家。

《汉书·扬雄传》中记载："雄少而好学，不为章句，训诂通而已，博览无所不见。为人简易佚荡，口吃不能剧谈，默而好深湛之思，清静亡为，少耆欲，不汲汲于富贵，不戚戚于贫贱，不修廉隅以

▲ 扬雄塑像

徽名当世。家产不过十金，乏无儋石之储，晏如也。自有下度，非圣哲之书不好也；非其意，虽富贵不事也。顾尝好辞赋。"在蜀中学习创作的时候，受儒家思想和道家思想的熏陶，加之屈原、司马相如的影响，扬雄的思想在这时基本成型。读书学习以及辞赋创作方面不断积累，也让他逐渐形成了自己的风格。元延元年（公元前12年）到元延三年（公元前10年），扬雄先后写出《甘泉赋》《河东赋》《校猎赋》《长杨赋》，这是扬雄辞赋创作最多、最成熟、成就最高的阶段。晚年的他对赋有新的看法，认为赋"童子雕虫篆刻"，"壮夫不为"，转而完成了《法言》《太玄》两部学术著作。

从小在书香门第长大的扬雄，对文学有着浓厚的兴趣。他也很重视学习，不但通晓儒家经典，还熟知老子、庄子的著作，博览群书。《法言》的第一篇是《学行》，可见他对学习的重视。他根据学与行的关系把知识分子分为四个等级"学，行之，上也；言之，次也；教人，又其次也。咸无焉，为众人。"在丰厚的知识积累以后，扬雄在此基础上进行了创新。他的赋增强了讽谏的功能，突破了大赋体制，练字选句间体现出知识的渊博与功力的纯熟。他还创造出连珠这种新文体，对后世产生深远的影响。陆机、颜延之、刘孝仪等都有连珠的作品。扬雄对唐代诗人的诗歌创作产生的感染很大。"王勃的《上绛州上官司马书》有'扬子云之澹泊心窃慕之'之言。杨炯《从弟去溢墓志铭》称赞'扬子云吐凤之才'。李白《东武吟》有'因学扬子云，献赋甘泉宫'之诗。"（孙少华《扬雄的文学追求与文学观念之迁变》，《清华大学学报（哲学社会科学版）》2012年1期）

　　知识是珍贵宝石的结晶，文化是宝石放出来的光泽。　　——［印］泰戈尔

——陈寿

　　陈寿，字承祚，西晋史学家，巴西郡安汉县（今南充市）人。他所著的纪传体断代史《三国志》与《史记》《汉书》《后汉书》并称"前四史"。

　　《华阳国志》卷十一《后贤志》中记载，陈寿"少受学于散骑常侍谯周，治《尚书》二传，锐精《史》《汉》，聪警敏识，属文文艳"。陈寿的

▲ 陈寿塑像

老师谯周，是三国时期蜀汉的大学者，擅长儒家经典，精通历史，知晓天文。陈寿勤奋好学，从老师那里学到了很多，他认真研究了《尚书》《史记》，并且积累了大量巴蜀的资料。

　　陈寿写《三国志》正值社会动荡不安之时，朝代更替。可以想象，他当时的写作难度很大。当时很多的史料现在我们已经无迹可寻，但《三国志》却保存了下来，其史学价值受到了历代的认可。当时的人盛赞陈寿善于叙写史事，具有良史的才能。夏侯湛当时也在撰写《魏书》，当他见到陈寿的《三国志》之后，便销毁了自己的《魏书》。刘勰在《文心雕龙·史传第十六》中写道："唯陈寿《三志》，文质辨洽，荀张比之于迁固，非妄誉也。"

让阅读 成为一种生活方式

——常璩

常璩，字道将，蜀郡江原（今崇州市）人，东晋史学家。他所著的《华阳国志》是中国现存最早、最完整的一部地方志，也是一部史学名著。

常璩出生在江原常氏家族，成长在一个割据分裂的乱世。常璩家族世代为官，治学儒家经典，家风中学习氛围很浓，常璩也深受影响。由于自幼好读书，加之家中有先世遗留的大量书籍，到壮年时，常璩以文学渊博著称。此后，虽身处乱世，他好学的精神仍在，读书学习仍未停止。入晋后，"常怀亢愤，遂不复仕进，哀削旧作，改写成为《华阳国志》"。《华阳国志》赞扬了悠远的巴蜀文化和西南地区文化，记载了诸多巴蜀和西南地区的历史人物，以此向江左士流挑战，反抗东晋士族对蜀人的轻蔑。一部优秀的地方志，必然不能忽视前人的宝贵史料，《汉书》《三国志》《蜀后志》《梁益篇》《史记》《法言》《方言》《蜀本纪》等著作都为他的创作提供了素材，对他的写作产生了重要影响。正是有了前人成果的支持与自身的努力，最终常璩写成了结构严谨、文采斐然、闻名中外、影响深远的史学名著《华阳国志》。

▲ 常璩塑像

读书，永远不恨其晚，晚比永远不读强。 ——梁实秋

—— 陈子昂

陈子昂，字伯玉，梓州射洪（今遂宁市射洪县）人，是初唐诗文革新人物之一。因曾任右拾遗，后世称陈拾遗。

陈子昂的家族属于庶族地主，注重"儒士传嗣"。据陈子昂所撰的《堂弟孜墓志铭》记载，他的祖父"少习儒学"，他的父亲亦"群书秘学，无所不览"，陈子昂自己也"历观丘坟，旁览代史"。长辈好读书的习惯，给陈子昂耳濡目染的影响。

▲ 陈子昂画像

加之初唐时巴蜀已经拥有了开放的文化氛围，各种学说在这里传播发展。这些都给陈子昂的世界观、价值观、文风带来了深远的影响。陈子昂年少聪颖，《陈子昂别传》记载他"始以豪家子驰侠使气，至年十七八未知书"。后来，因为击剑伤人后，弃武从文，没过几年便学涉百家。后来，他北上长安，到国子监学习，科举考试落第后回到四川金华山研读，"数年之间，经史百家，罔不赅览。尤善属文，雅有相如、子云之风骨"。再之后，陈子昂历经三仕三隐两次从军两次陷狱，最后冤死狱中。

陈子昂喜爱着四川的山山水水。这些山水走进他的诗中，成为他吟咏的对象。"蜀山金碧路，此地饶英灵。""浩然坐何慕，吾蜀有峨眉。"字里行间透露出他对四川的情感。

陈子昂高呼"汉魏风骨"和"兴寄"理论，并且用实践来印证自己的理论主张。他所遗留的127首诗歌首首情感饱满，意向多姿多彩，

让阅读成为一种生活方式

内容涉及广泛，涵盖历史、战争、时政、百姓等。诵读这些诗歌，能感受到其中不单有情感的抒发，还反映了当时的社会现实。陈子昂要求诗歌要"骨气端详，光英朗练"，同时还要"音情顿挫，有金石声"。陈子昂的诗歌革新理论具有建设意义，为后世开启了崭新的诗歌天地。

——李白

李白，字太白，号青莲居士，被称为"诗仙"。

▲ 李白画像

无论是四川之于李白，还是李白之于四川，都是特别的。这位自幼长于蜀地的"诗仙"，在四川度过了生命中三分之一的时间，25岁时"仗剑去国，辞亲远游"。在这之前的日日夜夜，李白都浸养在巴蜀文化中。巴蜀文化潜移默化地在他身上留下了深深的烙印，影响着他的性格、思维方式和人生观念。

那时的巴蜀，包容的文化环境就像一口火锅，传统儒家思想的"修身、齐家、治国、平天下"、道家思想追求的自然和谐、巴蜀文化的"豪放风气"、原始宗教的神秘氛围都镕铸其中。每一种思想都赋予了李白不尽的灵感。"思君若汶水，浩荡寄南征"，这是李白笔下的友情；"举杯邀明月，对影成三人"，这是举目无知音的孤独；"芳树笼秦栈，春流绕蜀城"，这是蜀道山水画；"倪逢骑羊子，携手凌白日"，这是登上峨眉山所见之景。从李白的诗歌中，我们还能看到大量的民歌、民间故事的痕迹，这些素材的选取使他的创作风格

读书，这个我们习以为常的平凡过程，实际上是人们心灵和上下古今一切民族的伟大智慧相结合的过程。
——［苏联］高尔基

具有独特的浪漫主义色彩。在唐代，豪放的诗风迅速崛起。李白的《蜀道难》《将进酒》等诗歌，有雄浑的气势，涛涛的诗情融入了诗人浓挚的情感，给人以挟海上风涛之气的感觉。

李白是爱四川的，爱巴山蜀水，爱巴蜀文化，更是将这种爱注入了笔端。他赞美四川的先贤，描写四川的美景，追忆自己在四川的难忘时光。离开四川时，他写下"两岸猿声啼不住，轻舟已过万重山"。在游历名山大川的旅途中，他又怀念起峨眉山的月夜，写下《峨眉山月歌》："峨眉山月半轮秋，影入平羌江水流。夜发清溪向三峡，思君不见下渝州。"

—— 三苏

三苏指苏洵、苏轼、苏辙。苏洵，字明允，号老泉；苏轼，字子瞻，号东坡居士；苏辙，字子由，自号颍滨遗老。父子三人为眉州眉山（今眉山市）人。三苏与韩愈、柳宗元、欧阳修、曾巩、王安石一起，并称为唐宋八大家。后人对三苏有"一门三父子，都是大文豪"、"一门父子三词客，千古文章四大家"的赞誉。

苏洵"少独不喜学，年已壮犹不知书"，常纵情于山水游乐之间。曾进士不第，后发愤读书，依旧未中，便决定不再考取功名，而专心做学问。他在《上欧阳内翰第一书》中谈到了这件事："洵少年不学，生二十五岁，始知读书……取《论语》《孟子》《韩子》及其他圣人、贤人之文，而兀然端坐终日以读之者七八年。"苏洵对经、史、百家、历代圣贤之文均有涉猎，且能够融汇综合，得其精神，形成其文章"纵横上下，出入驰骤，必造于深微而后止"。

苏轼、苏辙出身于一个富裕的有儒学传统的书香之家，在父母教育及良好家庭文化环境的熏陶之下，泛览百家，成为宋代好学、饱学士人的典型。苏轼勤学，他在《稼说》一文中提出了"博观而约取、厚积而薄发"的主张。后来在《代书答梁先》中再次阐发了博观兼容的学习观点："学如富贾在博收，仰取俯拾无遗筹。道大如天不可求，修其可见致其幽。愿子笃实慎勿浮，发愤忘食乐忘忧。"再后来，苏轼被贬海南，当地文化匮乏，他的老友将书籍运给他。苏轼感激万分地写下《和陶赠羊长史》，其中有"欲令海外士，观经似鸿都。结发事文史，俯仰六十踰"的句子。

苏辙从小和苏轼一起学习，"辙幼从子瞻读书，未尝一日相舍。" 他们不仅是生活中的兄弟，更是文学上的知己。两人一同考中了进士，又经历了同起同落的仕途经历。苏辙以散文见长，苏轼评价说"汪洋澹泊，有一唱三叹之声"。苏辙强调自己为文的独特性，提出"文章自成一家"，并且注重文章内容的真实性和社会功用的有机融合。他的文章能自成一家，与其刻苦学习、广泛阅读也是分不开

▲眉山三苏祠

读书忌死读，死读钻牛角。 ——叶圣陶

的。在为学之道上，苏辙也有自己的想法，他认为"君子无所不学""多学而兼守之"，汉代以来标榜儒家而排斥百家的做法是不正确的，求学之人应该广泛涉猎。

三苏文化成就的光辉在巴蜀文化史上无疑是炫目的。三苏文化用一字形容，那就是：博。三苏几乎涉及了古代文化的所有领域，并在许多方面造诣颇深，成就非凡，令当时代表主流思想的京师文化圈为之震惊。这些耀眼的成就在北宋文学和文化史上留下了光辉的一笔，也对千余年来文人的创作、思想产生了广泛而深远的影响。

——杨慎

杨慎，字用修，号升庵，四川省新都县（今成都市新都区）人，明代大文豪，明代三才子之首。

▲ 杨慎画像

"滚滚长江东逝水，浪花淘尽英雄。是非成败转头空。青山依旧在，几度夕阳红。白发渔樵江渚上，惯看秋月春风。一壶浊酒喜相逢。古今多少事，都付笑谈中。"这首词牌名为"临江仙"的词是不是特别熟悉？有没有哼出老版《三国演义》主题曲的旋律？它出自杨慎笔下，是《廿一史弹词》第三段《说秦汉》的开场词，后被毛宗岗父子评刻《三国演义》时将其放在卷首。

杨慎出身于书香门第。从他的曾祖父起，一门五世为官。他的父亲杨廷和更是三朝为官，当了18年宰相，精通诗文词曲。杨慎自幼聪慧好学。24岁时状元及第，在任职期间"出入皇家秘阁，枕籍乎经史，博涉乎百家"，并以博闻多识闻名于内。《明史》在其本传中称"明世记诵之博，著作之富，推慎为第一"。后来，因与当朝世宗皇帝争议"大礼"，被贬云南永昌卫，老死于云南。

坎坷的人生并没有让杨慎陷入迷茫。正如他在《雨中再迭前韵·呈刘东阜》诗中所云："白首投荒瘴海边，犹耽传癖与书淫。"他一生著述颇丰，涉及诗词歌赋、音乐戏曲、经史百家、音韵训诂、天文地理、草木虫鱼等，对明清文风和学风产生了巨大影响。同时，杨慎在云南积极传播内地文化，开场讲学，培养了大量当地人才，并带动云南民众读书成风，对云南的开化和文化的发展居功至伟，以至成为云南文化发展史上与诸葛亮齐名的神人。

杨慎对四川有着深厚的感情，对蜀文化的繁荣颇为自豪，对蜀中物产丰富、自然山水俊美、人才辈出也非常关注，还对蜀文学的历史发展作了全面的清理和论述。

—— 唐甄

唐甄，字铸万，号圃亭，四川省达县（今达州市）人，与王夫之、黄宗羲、顾炎武并称明末清初"四大启蒙思想家"，被中宣部、国家教育部列为对中国历史有重大影响的"杰出思想家"。

唐甄的一生起起落落。从官宦家庭出身，到家道衰落，父亲去世；从考中举人，出任知县，到受牵连被革职；从游历多地，到穷困潦倒，靠讲学卖文为生。个中辛苦，唐甄自知。

▲ 唐甄画像

读书的艺术，在很大程度上，就是在书中重新发现生活，更准确地理解生活的艺术。 ——［法］莫洛亚

《潜书》是唐甄最著名的代表作，前后写作的时间长达30年。这本书汇聚了他深刻的政治思想、经济思想、教育思想和学术思想。他提出："天子之尊，非天帝大神，皆人也"；"人谓老过学时，我谓老正学时。今者七十，乃我用力之时也"；"求贤之道，勿问孰为贤，孰为不肖，当先观进贤之人。盖贤不肖各有其类"等观点，抨击专制，倡导以民为本，倡导尊师重教。这部书的影响很大，跟着历史的轴线往下看，魏源的《海国图志》也受其影响。

唐甄曾说："吾少不知学，四十而后志于学。窃闻圣人之道而略知圣人治天下之法，勤于诵读，笃于筹策。鸡鸣而起，夜分而寝。"可见，只要愿意读书，任何时候都不算晚。

—— 郭沫若

郭沫若，乐山市人，是著名的作家、诗人、戏剧家、历史学家、古文字学家和书法家，也是杰出的政治家和社会活动家。

小时候，郭沫若的母亲就教授他诗歌，当时的四川民歌、民谣、民间文学对他产生了巨大的影响。后来，郭沫若在诗歌领域取得的巨大成绩是与这些影响分不开的。郭沫若是白话新诗的拓荒者，被称为"五四"诗坛的"霹雳手"。他所作的《女神》，被朱自清称为"二十世纪的动的和反抗的精神"，标志着新诗走向成熟，最终奠定了郭沫若在中国新诗史上的地位。

▲ 郭沫若

郭沫若是具有鲜明而独特风格的剧作家，创作了《屈原》《武则天》《虎符》《卓文君》等一系列优秀的历史剧本。这位有着诗意的剧作家，其戏剧创作始终离不开诗的参与。

郭沫若还是"甲骨四堂"之一，他在罗振玉和王国维的基础上对甲骨文作了进一步的探索，考释了甲骨文字，分析了甲骨学自身规律，提出了许多精到论断，对甲骨学研究的发展做出了突出贡献。其著作《卜辞通纂》《殷契粹编》，将古文字学与古代历史创造性地结合在一起，在学术界引起重大反响。

在散文、中国古代社会、中国古文字研究方面，郭沫若也有重要成就，是中国文化史上不可忽略的一个人。

—— 巴金

巴金，原名李尧棠，成都市人，作家、翻译家、社会活动家、无党派爱国民主人士。

▲ 巴金

巴金出身于一个官僚地主家庭，父亲曾当过县令，为官清正，辛亥革命后辞官归隐。家庭环境促使他从小便接受传统的中国文化。四五岁时，他便读了《三字经》、四书五经、唐诗宋词、《古文观止》之类的书籍，后来又接触到屠格涅夫、托尔斯泰、赫尔岑等外国文豪的作品，受到了他们的影响。

巴金的创作生涯有20多年，写了20多部中、长篇小说，80多篇短篇小说，以及大量的散文随笔。他的作品源自于他对生活的真情实感，他用这些"真"打动了读者，受到人们的喜爱。读巴金的书，能

旧书不厌百回读，熟读精思子自知。 ——（宋）苏轼

感觉到自己离叙述者很近，能感受到作者的思想。创作来源于生活，巴金的很多作品都是以成都为人物活动背景的。以其生活了19年的封建大家庭为背景，巴金写出了著名的"激流三部曲"《家》《春》《秋》，作品自然也带有鲜明的地域特色。这种地域特色还从作品的细节里得到体现，龙抄手、赖汤圆等知名四川小吃纷纷在他的作品里亮相。巴金的代表作还包括"爱情三部曲"《雾》《雨》《电》和《憩园》《复仇集》《随想录》等。

巴金爱书，在文化圈内非常有名。有这样一则小故事：在1949年上海解放前夕，巴金一家生活比较拮据。可精神食粮也是不可缺少的粮食，巴金还是要买书。夫人萧珊向来是很依着巴金的，可面对着生活的困境还是忍不住担心。一天，她对巴金说："家里已经没有什么钱了。如果继续这样买书，日子还能不能过得下去？"巴金答道："钱就是用来买书的，人人都不买书，那卖书人该怎么个活法？"生活的难题依然存在，但办法总会比困难多。第二天，巴金又带着孩子们去书店了。

—— 李劼人

李劼人，原名李家祥，成都市人，是文学大师、法国文学翻译家、社会活动家、实业家。

李劼人出身于一个以教私塾和行中医为业的下层知识分子家庭。17岁时，李劼人进入四川高等学堂分设中学读书，爱看书的他对文学产生了浓厚的兴趣。后来，在刘豫波、杨沧白等人的影响和熏陶及新思想的冲击之下，他们积极投身于辛亥革命的洪流，参加了保路同志

让阅读 成为一种生活方式

会。1919年，李劼人到法国勤工俭学。留法期间，他把主要精力投入法国文学的研究和翻译，成为我国最早译介法国文学者之一，给当时的文坛和青年以巨大影响。归国后的他致力于实业救国。当十多年来一直积聚着的写作冲动爆发时，他用两年的时间完成了恢宏的"辛亥三部曲"《死水微澜》《暴风雨前》《大波》。"辛亥三部曲"以他自己亲身经历的历史事件作为创作素材，以成都

▲ 李劼人

天回镇为故事发生地，创作了反映自中日甲午战争到四川保路运动这十几年间中国社会的变迁。

"作者的规模之宏大已经相当地足以惊人……那一支令人羡慕的笔，自由自在地，写去写来……把过去了的时代，活鲜鲜地形象化了出来……李劼人的小说为'小说的近代史'，至少是'小说的近代《华阳国志》'。"（郭沫若《中国左拉之待望》，《郭沫若学刊》2011年第4期）李劼人的作品是伟大的作品，正是因为有了他的奋力书写，现在的我们才能从他的书中看到过去鲜活的成都。他透过民间生活场景，多角度、多空间地展示历史，展示成都，字里行间承载了他的爱与恨，理想与现实。

此外，李劼人还是一位藏书家，一生藏书甚丰。根据《中国藏书家通典》记载，他的家人在他辞世后根据他的遗嘱，将书捐赠给国家，其中古籍线装书经鉴定、整理后，编制有《李劼人先生捐赠书目》。该目录收录李劼人所藏古籍线装书1168部共16007册，经部85种894册，史部308种5647册，子部252种5422册，集部523种4044册。

读书是最好的学习。追随伟大人物的思想，是最富有趣味的一门科学。 ——[俄]普希金

这些书籍至今存放在四川省图书馆古籍线装书藏中，保存完好。1949年以后出版的报纸2100余册。另有各种当代文史书籍数千册。四川省图书馆接收的图书总计有线装书20433册，平装书844册，报纸、杂志6948册，共计28225册。

苇笔沙纸的故事

北宋时的欧阳修，吉州永丰（今江西省吉安市永丰县）人，出生于四川，四岁时父亲就去世了，此后家境变得十分贫寒，家里没有钱供他读书。其母亲就用芦苇秆当笔，把沙地当纸，教欧阳修认字、写字、画画和练习书法。后来欧阳修成为著名的政治家、文学家、书法家，是当时最有学问的人之一。

天府大地书香正浓

高尔基说："每一本书都是一个用黑字印在白纸上的灵魂，只要我的眼睛、我的理智接触了它，它就活起来了。"

阅读是一件关乎国民素质、关乎综合国力、关乎民族未来的大事。从2006年全国范围的全民阅读活动开始，到党的十八大把"开展全民阅读"写入报告，为深入开展全民阅读活动创造了前所未有的良好条件和历史机遇。四川也在积极打造"书香天府"全民阅读品牌，促进全民阅读活动深入开展，推动书香社会建设。在四川省委、省政府的领导下，省直有关部门和各市州积极响应号召，开展了丰富多彩的读书主题活动，全方位诠释了"书香天府"全民阅读品牌的内涵。

2013年，四川省成立了四川省全民阅读活动指导委员会。2014年以来，四川开始打造具有四川特色的全民阅读品牌——"书香天府"。2016年4月23日，《四川省人民代表大会常务委员会关于促进全民阅读的决定》开始施行。这是我国第四个、西部第一个出台的关于促进全民阅读的省级法规性决定。

四川近年的阅读状况是什么样的呢？2014年6月，国家统计局成都调查队派出40多位调查员，通过入户面访、拦截访问的方式，在成都市主要文化场所、商业圈、机关、学校、企业、街道、社区、公园、广场等地展开了"2014年成都市国际通识阅读指数调查"，8月又重新

境遇休怨我不如人，不如我者尚众；学问休言我胜于人，胜于我者还多。　——（清）李惺

采样复查，进行了数据的补充修正。此次调查是成都多年以来第一次对成都市民阅读情况的全面摸底，首次发表市民阅读指数，在四川范围内具有代表性。结合"2014年成都市国际通识阅读指数调查"以及近年来的其他数据，我们以成都为例，看看四川百姓的阅读现状。

数字阅读城市指数——成都第一

2016年4月13日，在第二届中国数字阅读大会上发布的《2015年数字阅读白皮书》显示：2015年，我国有2.96亿数字阅读用户，其中手机进行阅读的用户占到了52.2%，是用户数字阅读的首选载体。在中国数字阅读城市指数榜单中，成都、深圳、北京名列前三。

虽然选择数字阅读的读者日益增多，但纸质书的地位仍旧不可撼动。调查显示，纸质书仍然有广泛的受众群。纸质书精美的装帧设计、排版方式、纸张的手感、印刷的墨香、拿在手中沉甸甸的分量，甚至是翻书时发出的哗哗声，这种体验独一无二，无可替代。受访市民中，仍有不少人在读完电子书后，会专门购买纸质版书籍进行收藏。

阅读指数呈现"中间高两头低"的趋势

纵观各年龄段成都市市民阅读指数，不难发现"中间高两头低"的趋势：10岁以下的年龄段的阅读指数为48.17分；10~39岁年龄段阅读指数超过了60分，其中30~39岁年龄段市民阅读指数最高，为61.86分；从40岁开始，阅读指数呈下降趋势，最低是70岁以上市民，只有38.59分。

让阅读成为一种生活方式

三成市民家庭藏书数量在100本以上

家庭藏书的力量不容忽视。早在春秋战国时期，中国就有私家藏书的传统。孔子就是我国的第一代私人藏书家。我国源远流长的知识文化靠着私家藏书、官府藏书、书院藏书、寺庙藏书保存了下来。传统的私家藏书主要是文人学者进行的，除了自用的目的以外，对子女的教育也起到很大的作用。子女在书香家庭的环境中成长，从小读书学习，自然而然能达到"腹有诗书气自华"的境界。很多名人都受到过家庭藏书的影响，前文提到的陈子昂、苏轼、杨慎以及李清照、钱锺书、蔡元培等名人都是在书香门第中成长起来的。

据"2014年成都市国际通识阅读指数调查"显示，成都家庭藏书数量在50本以下的市民占37.54%；51～100本的占21.17%；101～200本的占15.11%；201～500本的占9.05%；501～1000本的占3.22%；1001～2000本的占1.42%；2000本以上的占0.82%。（《成都首次发布市民阅读指数》，《成都日报》2015年3月20日）大约有三成市民家庭藏书数量在100本以上。

四成市民去过当地图书馆、社区书屋

四川省各级政府为市民提供了良好的读书活动平台。以成都为例，成都市共有21个公共图书馆，拥有外文阅览室3个，乡镇（街道）综合文化站（活动中心）315个，社区（村）综合文化活动室3363个，社区（农家）书屋3136个，实现了每个区（市）县有图书馆，每个街道（乡镇）有综合文化站，每个社区（村）有社区（农家）书屋。

任何时候我也不会满足。越是读书，就越是深刻地感到不满足，越是感到自己知识的贫乏。
——[德]马克思

2013年全市文化场所拥有藏书总量1133万册，其中外文藏书总量1.8万册，全年文化场所新采购书籍总量282万册，全年文化场所的书籍被借阅总次数561万人次。（王嘉《成都首次发布市民阅读指数》，《成都日报》2015年3月20日）

对成都市民作阅读调查后显示，48.75%的受访市民表示，知道本地（市、区、县）公共图书馆具体位置并去过；21.71%的市民知道，但没有去过；29.54%的市民不知道公共图书馆在哪里。去过图书馆的人当中，57.91%的市民认为当地公共图书馆开放时间能满足居民的读书需求；55.58%的市民认为当地公共图书馆藏书总量及丰富性能满足居民的读书需求。44.05%的受访市民去过社区书屋阅读；5.27%的市民表示知道有社区书屋但没去过。去过社区书屋的人当中，44.13%的市民认为社区书屋开放时间能满足居民的读书需求；对于社区书屋图书供应量及丰富性能，39.83%的市民认为能满足居民读书需求。

五成受访者爱阅读报纸

受访群众的阅读比重中，阅读人数最多的前十类分别是：报纸52.85%、杂志期刊38.90%、社会科学类22.65%、文化类19.86%、军事类19.61%、文学类18.21%、政治类17.76%、法律类14.74%、经济类14.26%、体育类13.66%。（《成都首次发布市民阅读指数》，《成都日报》2015年3月20日）数据显示，群众的阅读倾向于报纸和期刊。以成都为例，成都每年人均阅读报纸174.30份（包括纸质和电子），阅读杂志期刊10.54本。

在上班的地铁上、在茶馆里、在公园中，我们经常可以看到很多

让阅读 成为一种生活方式

读报的人。调查显示，读报人的关注重点主要放在娱乐资讯、社会新闻、休闲生活等版面，对头版的时事政治以及国际事件等关注度相对较小。

六成市民每月到书店1~3次　人均每年阅读6.04本纸质图书

经过多年的努力，阅读渐渐融入了四川人的生活，正在成为一种生活方式。以成都市为例，2014年，成都人均阅读了6.04本纸质图书、7.39本电子图书（包括电子书籍或图书连载）。而根据第十二次全国国民阅读调查结果，2014年我国国民人均纸质图书阅读量为4.56本。成都市民阅读量高于全国平均水平。成都市民每天阅读传统纸质图书的时间（不包括报纸、杂志期刊、教科书、工具书）大致为39.20分钟；使用电子设备阅读图书的时间大致为35.67分钟。

2014年，受访的成都市民和家人平均每月到书店购书或阅读的次数为：1次以下占9.96%；1次的占28.43%；2~3次的占26.55%；4~5次的占10.87%；6~10次的占4.10%；10次以上的占4.47%；从未去过的仅占15.62%。73.85%的市民表示购买图书时能够及时找到离家最近的书店；26.15%的市民反映书店离家较远。（《成都首次发布市民阅读指数》，《成都日报》2015年3月20日）

成都是四川的一个缩影，全四川也在行动着。在全民阅读活动开展以来，全省上下开展多种多样的活动，如绵阳市的"书香绵州·美丽绵阳"，自贡市的"文化自贡·书香盐都"，攀枝花市的"书香天府·花城阅读"，泸州市的"全民阅读·书香酒城"，德阳市的"书香德阳·全民阅读"，广元市的"全民阅读·书香广元"，遂宁市的

倘要完全的书，天下可读的书怕要绝无，倘要完全的人，天下配活的人也就有限。　——鲁迅

"书香船山·莲香成渝"，内江市的"书香天府·内江"，乐山市的"'沫若杯'全民读书有奖征文活动"，资阳市的"悦读悦享"读书沙龙，宜宾市的"书香宜宾·悦读戎州"，南充市的"书香天府·万卷南充"，达州市的"全民阅读·书香达州"，雅安市的"全民阅读，建设书香雅安"，阿坝藏族羌族自治州的"漂流图书屋"、甘孜藏族自治州的"图书进寺庙"活动，凉山彝族自治州的"书香润人"全民阅读活动，广安市的"寰州阅读·书香广安"，巴中市的"耕读传家·书香巴中"，眉山市的以"阅读的力量"为主题的阅读活动……全四川正在一起努力着，相信天府之国将盈满书香。

柏学士茅屋

（唐·杜甫）

碧山学士焚银鱼，白马却走深岩居。
古人已用三冬足，年少今开万卷余。
晴云满户团倾盖，秋水浮阶溜决渠。
富贵必从勤苦得，男儿须读五车书。

第四章

全民阅读的四川实践

建立全民阅读保障

　　随着我国经济社会的不断进步和发展，阅读已经成为人民群众生活和发展的一种内在需求，是在新形势和新环境下早日实现中华民族伟大复兴中国梦的动力源泉。针对这一国情，党的十八大首次将"开展全民阅读活动"纳入我国社会主义文化强国建设体系。十二届全国人大四次会议通过的"十三五"规划纲要把"全民阅读"列为未来五年实施的文化重大工程。从2014年起，"倡导全民阅读"已连续三年被写进政府工作报告。四川作为西部经济和文化大省，无论是在阅读传统和实践方面，都走在西部乃至全国的前列。

四川全民阅读的立法保障

　　在将全民阅读活动列入国家战略层面这一宏大背景下，四川在进行着符合四川省情和阅读状况的立法探索，并取得了确实的成效。

　　从全国来讲，早在2013年，国家新闻出版广电总局就开始了全民阅读立法进程，《全民阅读促进条例》连续三年被列入国务院立法计划。经过两年多的研究起草，十余次修改，于2016年2月17日颁布了《全民阅读促进条例》征求意见稿，目前正在广泛征求意见阶段。从全国其他省份的立法情况来看，江苏省、辽宁省、湖北省和深圳市已于2014年到

我读书的办法总是以"定量""有恒"为主。不切实际地贪多，既不能理解，又不能忘记。
——徐特立

2016年陆续完成了全民阅读的立法工作，而四川省的全民阅读立法工作，早在2013年就开始启动了。

2013年，四川省成立了四川省全民阅读活动指导委员会。2014年以来，四川省以"4·23世界读书日"即四川省"全民阅读活动启动日"为开端，搭建了活动内容丰富、覆盖范围广泛、群众参与度高的读书活动组织平台，打造了具有四川特色的全民阅读品牌——"书香天府"，有效地推动了四川省全民阅读活动的开展。全省各地在开展全民阅读方面也探索出了许多好的做法，积累了丰富的实践经验。总结、提升近年来开展全民阅读活动的好经验、好做法，为制定相关法律法规奠定了坚实的基础。

按照四川省十二届人大常委会立法规划，2015年，四川省人大教科文卫委员会同省新闻出版广电局成立了立法草案起草小组。先后到辽宁和省内部分市州开展立法调研。分别邀请省全民阅读指导委员会成员单位、省级有关部门和部分市（州）人大召开座谈会开展讨论，邀请部分高校和出版界的专家学者进行了咨询论证。在充分调研、论证的基础上形成《四川省人民代表大会常务委员会关于促进全民阅读的决定（草案）》（以下简称"《决定（草案）》"）征求意见稿。

起草小组分片区在成都、南充、泸州、乐山4个市召开了征求意见座谈会。同时，发函书面征求了省人大各专门委员会、各市（州）人大常委会和教育厅、财政厅、文化厅、省政府法制办等省级有关部门的意见，并在四川人大网和省新闻出版广电局网站上面向社会公众征求意见。在认真听取和吸收有关部门和专家意见建议的基础上，经过11次修改，形成《决定（草案）》。2016年3月21日，省人大教科文卫委员会全体会议对《决定（草案）》

▲ 四川省人民政府新闻办公室召开《四川省人民代表大会常务委员会关于促进全民阅读的决定》新闻发布会

进行了审议。四川省第十二届人民代表大会常务委员会第二十四次会议于2016年3月29日审议通过，并于2016年4月23日起正式实施。这也使得四川省成为我国第四个、西部第一个将全民阅读纳入立法保障的省份。

《四川省人民代表大会常务委员会关于促进全民阅读的决定》（以下简称《决定》）在充分借鉴其他省份有关全民阅读的相关法律法规的基础上，结合四川省的实际情况，形成了六个方面的重要特征：

第一，明确了四川省全民阅读的基本原则，即政府主导、全民参与、社会支持、服务大众、公平便利。从《决定》的五项原则中不难看出，四川省的全民阅读首先是一项公益性的事业，无论是出发点还是归宿，都是围绕维护和保障人民群众的阅读权益展开的。

我读书奉行九个字：就是"读书好，好读书，读好书。"　　——冰心第二，明确了政府在促进全民阅读中的职责和要求。明确了地方各级人民政府在主导全民阅读工作中的职责和要求，建立了政府工作在全民阅读工作中的激励和与约束机制。

第三，对公共阅读服务体系建设、健全阅读资源共建共享机制提出了具体要求。

第四，将4月23日（世界读书日）确定为"书香天府·全民阅读"活动日。

第五，强调了对包括老年人、残障人士和未成年人等特殊群体基本阅读权利的保障。

第六，要求建立全民阅读活动的评价机制，运用调查评估成果和公众评价，科学指导和推动全民阅读。

四川全民阅读的组织保障

法律作为人民根本意志和利益的体现，立法工作在推进全民阅读活动持续、深入发展上起到了基石的重要作用。然而如何在一个牢固的地基上搭建一个结构合理、布局得当、形式丰富的建筑框架，这就是摆在各级政府、相关职能部门面前的一道功课。

四川省历来高度重视全民阅读在推动文化强省建设中的重要作用。2014年1月，报经四川省委、省政府主要领导审批，中共四川省委宣传部下发了《关于成立四川省全民阅读活动指导委员会的通知》，宣布正式成立四川省全民阅读活动指导委员会。在省委、省政府的领导下，四川省全民阅读活动指导委员会由省委、省政府的分管领导担任组长、副组长，22个省直部门为成员单位。四川省全民阅读活动指导委员会办公室设在省新闻出版广电局。四川省全民

让阅读 成为一种生活方式

阅读活动指导委员会是四川省开展全民阅读活动的最高组织机构，负责统筹规划指导全省全民阅读活动的开展。同时全省各市州也相应建立了全民阅读工作领导机构。四川全省逐步建成了较为完善的全民阅读工作领导、联系和推进体系，为全民阅读的组织建设和日常工作的深入开展提供了重要保障。

四川省下辖21个市州，其中有甘、阿、凉等少数民族地区，有广安、达州、巴中等革命老区，有德阳、绵阳等工业发达地区；还有乐山、眉山等传统文化优势地区，各地经济水平有高有低，阅读传统和阅读习惯参差不齐。在这种情况下，各市州根据各自的特点，都于2015年前成立了专门的全民阅读指导委员会，全面组织指导、实施监督各市州全民阅读活动的开展情况。

其中巴中、内江、凉山等市州文化广播影视新闻出版局在2013年就已经制定出台了各自的《全民阅读实施方案》。方案中，明确了市局机关的组织作用，细化了全民阅读活动的实施步骤，提出了分阶段、分步骤、分群体实施的工作要求。同样早在2013年，经济发展较为落后的凉山彝族自治州，在成立了以"读书、明理、致富、进步"为主题的凉山彝族自治州全民阅读活动领导小组的基础上，同时要求各县（市）成立相应的领导小组，农家书屋管理员为小组成员来开展全民阅读活动，并将此项工作纳入年末考核体系。与此同时，凉山彝族自治州还成立了全民阅读督导小组指导农家书屋读书节活动，分片区深入部分乡镇、村督促检查指导，发现问题及时指出，并提出了进一步的改进意见和措施。这样就建立起了省、市（州）、县（市）、村镇负责的四级全民阅读活动指导、实施、考核、监督的组织机构。

组织机构是框架，保证框架高效运行的是每个关节上的执行人。为解决全民阅读基层管理人员匮乏的局面，各市州及各省直部门根据自身情况，想办法、请专家，把全民阅读的人才队伍建设始终放在一个重要位置。早在2013年，自贡市就已经进行了专家与社区、与书屋的有效对接。2013年8月、10月，自贡市大安区文建委两次邀请了本市图书馆的付显敬、牛光驹两位专家，专门就如何管理和利用农家书屋，如何推进惠民措施，解决群众看书难的问题，以及书屋的管理制度、人员职责、图书分类登记等方面进行了深入浅出的讲解。该区已建成的148个农家书屋、24个社区书屋的管理人员，以及乡镇文化专干等300余人参加了培训活动。培训结束后，自贡市图书馆专家还专门对仁和社区书屋、华大社区书屋、沙鱼坝社区书屋等进行了实地指导。

四川全民阅读的资金保障

《决定》中明确指出，全民阅读活动的性质为公益性的公共文化服务活动，需要充分发挥政府的主导作用。《决定》中的"四个纳入"（将全民阅读工作纳入国民经济和社会发展规划，提出明确工作目标；将全民阅读公共设施建设纳入城乡建设规划；将全民阅读工作经费纳入年度财政预算；将促进全民阅读工作纳入精神文明建设指标体系，作为社会主义精神文明建设和现代公共文化服务体系建设的内容）为各级财政对全民阅读工作开展所需资金的支持，提供了法律依据。

在众多形式多样、内容丰富的全民阅读活动中，时时刻刻、每时每地都离不开各级财政资金的大力支持。

首先是阅读场馆建设，特别是偏远地区阅读场所的兴建，获得了财政资金的大力支持。资阳市2013年就以"读书、明理、和谐、进步"为主题，切实抓好村级农家书屋建设，先后投入8427万元资金，建成了2809个农家书屋，为全市农民读书活动的蓬勃发展搭建了平台。为了保证财政投入的资金能真正发挥作用，资阳市农家书屋还进行了配套的规范化建设，建立登记制度、借还制度、工作日开放制度、人员管理制度，确保资金保障能有效地转化为阅读习惯的培养、阅读氛围的营造，从而在提高农民科学技术知识和文化储备上真正发挥作用。

其次是对阅读的弱势群体开展多种多样的阅读优惠活动。2013年，达州市向全市23家农家书屋和农民工代表赠送了价值8万余元的图书；组织市老年书法家协会的书法家现场免费为广大市民书写春联，深受老百姓喜爱。

第三是提供形式多样的免费服务工作。2015年12月26日，四川省图书馆新馆开门运营，新馆增设了24小时自助图书馆，为都市中

▲ 四川省图书馆

行万里路，究不若读万卷书之重要。 ——梁实秋

忙于工作的读者提供了一个深夜畅读的场所。同年，省图书馆还开展了"书香天府·24小时借还书"服务读者。即使在非工作时间到馆，同样能借还图书，方便读者的同时也使文献资源得到了更好地利用。2016年，省图书馆还增设了24小时借还书机，为全民阅读提供服务。这些免费的阅读服务背后，其实都离不开各级各部门的资金保障。

佛殿借读的故事

夜深了，佛殿里忽然传来朗朗的读书声。小和尚们吓坏了，以为里面有"鬼"，立刻报告给老和尚。于是，老和尚带领小和尚捉"鬼"，没想到"鬼"原来是一个叫刘勰的穷孩子，他在借佛灯读书呢。刘勰经过刻苦学习，终于成为南北朝时期著名的文学理论家、文学批评家。

完善全民阅读运行机制 第二节

    2016年3月29日，四川省第十二届人民代表大会常务委员会第二十四次会议通过了《四川省人民代表大会常务委员会关于促进全民阅读的决定》，从法律上明确了全民阅读在四川省相当长的一个时期内在国民经济和人民日常生活中的重要作用。但是如何把全民阅读从法律的高度，落实到对发展四川经济、普遍提高人民素质和生活质量的实际中来，需要各级各部门从自身的职能出发，形成一个既具有长远眼光又能够从实际出发，适合各部门在日常工作中具体参照执行的运行机制，是落实贯彻《决定》并使之在川内生根发芽的根本平台。

政府主导为主，各级实施方案先行

    在四川省的全民阅读立法工作开展以前，四川省各级政府职能部门在全民阅读这个领域已经辛苦经营了数年，积累了丰富和宝贵的经验，这些经验为全民阅读的立法工作打下了坚实的基础。而在长期的工作实践中，省新闻出版广电局和各市州文化广播影视新闻出版局都在全民阅读工作的实际开展中，总结出了一套行之有效的机制，在相当长的一段时间内，起到了明确全民阅读工作的目的、要求和具体做法的作用，为广大全民阅读的组织者和实施者提供了工作依据。

    一个人如果他不知道学习的重要，他永远也不会变得聪明。　　——毛泽东早在2013年，巴中市、德阳市、南充市、内江市等就根据本市情况，制定了完备的《全民阅读活动实施方案》，这些方案分阶段、分步骤、分群体细化了各市的全民阅读工作。目前逐年制定各地的《全民阅读活动实施方案》已经是各市州文化广播影视新闻出版局的标准动作，业已形成一种全民阅读活动的基本运行机制，而走在前列的绵阳市在2015年就制定了《绵阳市2015—2020年全民阅读中长期规划》，对全民阅读未来五年的工作进行了总体规划和设计。

2016年是"十三五"规划的开局之年，也是四川省全民阅读工作全面发力、科学规划部署的一年。在颁布《决定》后，仅过了3个月的时间，2016年6月，四川省全民阅读活动指导委员会办公室即印发了《四川省"十三五"时期全民阅读规划》（以下简称《规划》），以强有力的措施落实《决定》的要求。《规划》出台后，四川成为继内蒙古之后全国第二个发布全民阅读"十三五"规划的省份。《规划》在回顾四川省全民阅读工作的基础上，提出了四川省全民阅读工作五年发展的指导思想、基本原则、发展目标、主要任务、保障措施。《规划》制定出台后，使四川省全民阅读工作找到了目标、方向和发展路径。四川省《规划》的制定体现出"思路清晰、目标明确、重点突出、措施得力"的四个鲜明特点；与此同时，还制定实施了《"书香天府"全民阅读活动总体方案》及四川省全民阅读年度工作方案，进一步将《决定》和《规划》落到实处。至此，四川省已经逐步建立了一套"法律+规划+总体方案+年度实施方案+地方实施方案"的全民阅读长效运行机制，为全民阅读工作的广泛、长期、稳定开展保驾护航。

让阅读成为一种生活方式

设，现将《"书香天府"全民阅读活动总体方案》印发你们，请结合实际，认真贯彻执行。

2015 年 4 月 7 日

▲ 关于印发《"书香天府"全民阅读活动总体方案》的通知

发挥特长，各部门拓展全民阅读运行机制

在各级全民阅读实施方案的基础上，各地方还抓住自己的特点，在落实方案的过程中，逐渐探索出一些机制创新、成效显著的新做法。这些经验做法有效地支撑了全民阅读工作在基层的实施和运行。

全民阅读活动开展以来，各级主管部门和业务单位都开出了一系列推荐书目。如何让这些书目做到导向正确，选材得当，有人读，读有效，并且能长期延续，使民众养成一种自觉的阅读习惯，是推进全民阅读工作的一项重要工作。在这个工作中，四川省内各家媒体利用自身优势，联动各职能部门频频"亮剑"。

由四川省全民阅读活动指导委员会主办，省委宣传部、省精神文明办、省直机关工委、省新闻出版广电局、《四川日报》全媒体集群承办的"书香天府·公务员的成长书活动"于2015年4月8日正式

一切书都是为着帮助你思想，而不是为着代替你思想而写的。 ——瞿秋白

启动。"公务员的成长书"作为2015年世界读书日活动之一，通过关注四川省公务员的阅读生活，调查公务员的阅读现状，读书带头人的推选等活动，为全省公务员定制一份成长书单。此外"公务员的成长书"还整合了省直机关工委、《四川日报》全媒体集群收到的支部荐书、特邀荐书的书单，在《四川日报》和观察客户端等媒体上权威发布了"2015公务员成长书单"，并联动图书出版机构推出公务员成长阅读礼包。在此基础上，各机关单位、厅局、市州、企业以及社会各界力量联动，在全省范围内陆续推出了"大学生必读书""青少年必读书目""企业家的枕边书""老百姓的减压书"等系列书单，受到社会的普遍欢迎。

各级公共图书馆一方面是全民阅读的重要阵地，另一方面作为指导阅读工作、提供阅读服务的牵头单位，在全民阅读中发挥着十分重要的作用。四川省图书馆作为全省图书馆系统的业务指导单位，在指导全省图书馆在全民阅读工作长效机制的建立和与相关全民阅读工作的配套实施上有着义不容辞的责任和义务。

在全民阅读工作的持续开展下，为更大限度地服务全省人民，提高四川省图书馆的服务水平，满足社会对文献信息资源的需求，四川省图书馆创建图书分馆、流动点，面向基层提供延伸服务，保障基层公民基本文化知识满足的需要。

2015年，为充分发挥公共图书馆的职能，促进四川全民阅读，由四川省图书馆牵头，与全省各市州图书馆和县图书馆合作，于5月起，在《四川日报》等媒体的宣传配合下，在各个领域专家学者的积极参与下，推出有针对性、有指导性的阅读榜单计划，以引导读者阅读活动的健康开展。5月31日，四川全民阅读图书馆联盟发布首个"四川省公共图书馆榜"（以下简称"川图榜"）。"没有商业引导，公共图

"公务员的成长书"通过关注四川省公务员的阅读生活，调查公务员的阅读现状，读书带头人的推选等活动，为全省公务员定制一份成长书单。

▲《四川日报》2015年4月9日第13版

只有愚昧无知的人才会随便读到一部作品就全盘接受，因为他头脑空空，装得下许多东西。　　——巴金书馆的阅读数据最能反映老百姓的阅读爱好和趋势。"省图书馆馆长赵川荣这样谈"川图榜"。他认为，在全民阅读活动中，各地图书馆作为公共阅读最重要的场所，更需要以自身的优势，形成自己的文化品牌形象，提升公共阅读水平。"这也是推出'川图榜'的初衷。"像"川图榜"这样能反映全民阅读各方面情况榜单的持续推出，能让更多的人了解公共图书馆和民众普遍的阅读兴趣及爱好；更为重要的是，这份榜单作为一种制度长期发布，能在一个相当长的时间内，对全民阅读政策的制定者、工作的实施者和普通的参与者都产生不同的影响，使政策的制定更为合理、工作的开展更有针对性，而民众的阅读选择也更为高效。

积极参与，社会组织逐渐融入阅读生活

四川省通过的《决定》中，明确了全民阅读工作的原则，即政府主导、全民参与、社会支持、服务大众、公平便利。其中明确提到"社会支持"这一点，如何理解、落实"社会支持"在全民阅读工作中扮演的角色和起到的作用，是丰富全民阅读工作机制的重要补充和有力支撑。在这方面，不少基层先进个人和地方民间组织走在了前列，并取得了一定的成果。

"珙桐公社"是宜宾珙县群众自发成立的民间读书会，是文艺和书画爱好者谈古论今、挥毫泼墨的平台，文化氛围浓厚，人文环境雅致。2014年8月，珙县依托"珙桐公社"平台，整合淘金读书会、诗词楹联协会、书法家协会等一批公益组织和公益文化热心人士，围绕传统国学文化、百科知识解读、民风民俗探讨、家庭社会教育等主题，积极开办公益文化讲座。讲座以"读书、思考、交流"为宗旨，采取

"主题演讲+互动交流"的方式，积极营造浓厚的读书氛围，激发群众的求知欲望。到2014年底，活动已经开展了77场。如今，"文润珙州"公益讲座已成为珙县全民阅读的一道亮丽风景，成为群众分享文化盛宴的必选去处。

同样是在宜宾，南溪区农民黄学清2011年在一场意外车祸中被摩托车撞倒，脑部受伤，左腿骨折致残，住院7个月终于出院，但如今仍呈现记忆力下降、行走困难的后遗症，完全丧失了外出劳动的能力。"那时，伤痛，心痛，双双而至，我曾经彷徨过，绝望过。大量阅读使我忘记了伤痛，写写画画又点燃了我新的希望。"黄学清如此描述这次人生的重大转折。在亲人的开导和文友的鼓励下，黄学清终于跃出了人生的低谷。2013年，他利用自己多年珍藏的200多册图书，在自己位居公路旁的家里，创办了茶园书屋，全天免费为村民开放，因自己笔名为"黄山"，于是名之为"黄山书屋"。

▲ 黄学清创办的黄山书屋

跛脚的旅行者只知道"到此一游"，跛脚的读者只知道书的结局。 ——［英］科尔顿

2014年春，南溪区南溪街道办主任赵新国率队，多次到黄山书屋指导协商，决定由街道办、村委联合出资，将茶花村农家书屋与黄山书屋整合，聘请黄学清为书屋管理员，将整合后的黄山书屋进行整体包装升级，打造为南溪街道办乃至全区的典型。南溪各界的文朋诗友也都向书屋慷慨捐赠了部分珍贵的新旧书籍。至此，书屋里书柜、书籍、书桌、电脑、电视、灯饰、墙饰等，配备齐全，焕然一新，各类图书近千册。黄山书屋，不仅成为黄学清全部的精神寄托，也成为周边群众和过往文友聚会、喝茶、聊天、阅读的好地方。说起路过的学生每天放学时都要跑到黄山书屋，津津有味地选书看书的情景，黄学清的脸上就写满了荣幸和自豪。正因为黄学清有着如此坚定的阅读信念和服务意识，他被层层推荐表彰为"宜宾市2014年'书香宜宾·悦读戎州'全民阅读活动'书香家庭'"。

　　目前个人和民间组织对全民阅读活动的参与多停留在一个自觉和自发的层面上，但不少地方政府和全民阅读主管部门已经在开始探索一条政府向社会机构和组织购买公共文化服务的新路子，"政府＋社会机构＝新型阅读服务机制"的新模式正在逐渐形成中。随着《决定》和《规划》在2016年相继正式出台，在各地的部署和落实工作中，这种新型的阅读服务运行机制将会在全民阅读工作中扮演越来越重要的角色。

　　全民阅读工作越往基层走，一些灵活多变、操作性强、效果明显的做法也越来越被广大干部群众接受，并且逐步沉淀下来成为全民阅读运行机制中的重要一员。比如建立全民阅读台账、制定完备的督查奖励制度，等等。它们都为全民阅读这架大马车的快速高效运行贡献了自己的力量。

让阅读成为一种生活方

打造阅读阵地

四川省《关于促进全民阅读的决定》明确规定："全民阅读工作的开展要以公共阅读服务体系的建设为支撑。"这对包括公共图书馆在内的各种阅读服务场所和设施的建设、使用提出了要求。在阅读阵地建设这场战斗中，四川省找准了自己的定位，政府在整个进程中并没有完全大包大揽，而是在统揽全局，充分尊重老百姓的阅读习惯和利用现有阅读场所已经具备的资源平台的基础上，鼓励社会力量参与到阅读阵地的建设当中，把公共阅读服务体系不断往纵深发展，把阅读阵地的建设朝着多样化和立体化的方向不断推进。

阅读阵地建设多样化、立体化

包括书店、图书馆等在内的阅读阵地建设是全民阅读工作开展和丰富多彩的全民阅读活动举办的根基。目前四川省已经形成了以公共图书馆为主体，以遍布城乡的各类书屋、书吧为支干的全民阅读阵地服务网络。

四川省图书馆作为阅读阵地建设的排头兵，其分量是不言而喻的。构建以省级公共图书馆为中心，以市、县、区图书馆为骨干，以教育、共青团等其他系统的图书馆为基础，上下贯通、布局合理、藏书丰富、资源共享、科学管理、独具四川特色的图书馆事业网，并带

不读书的人，不光人要变得浅薄，也将被社会的前进步伐所抛弃。
——［日］池田大作

动和提升全省图书馆在公共文化服务体系中的影响力，推动全民阅读活动的开展是省图书馆近年来的工作重心。目前，全省各级各类图书馆迅速建立。而各市州图书馆也依据自身资源，积极与机关、学校、军营、企业等合作，把图书馆分馆的建设工作细化分解到各个部门和单位，合理利用合作单位的场馆资源，做大做强自身的体量，并在业务上进行充分合作和指导。以巴中市为例，2015年建成了巴中市图书馆大雅读库分馆、巴人广场分馆、巴中龙泉外国语学校分馆、通江县图书馆"小天鹅幼儿园分馆"等各级图书馆分馆56个，建成巴中市图书馆、通江县图书馆等地方文献收藏室5个。

然而四川省所辖面积较大，民族众多，各市州经济发展水平和民风民俗都存在着不小的差异，公共图书馆体系的建设虽然已经深入到基层，但还是没有办法完全满足人民群众切实的阅读需求。阅读阵地的打造还需要考虑各个地方的实际情况，做出有特色、有针对性的建设工作。在这个方面，全民阅读"七进"（即进农村、进社区、进家庭、进学校、进机关、进企业、进军营）工作成为阅读阵地建设的一个重要载体。

■ 广大农村阅读阵地的建设

四川以建设幸福美丽新村为依托，进一步发挥农家书屋的阵地作用，让浓浓书香飘溢每个乡村，积极培养农村群众的阅读习惯，引导农民读书明理、读书掌握致富本领。阅读阵地的建设工作主要体现在两个方面：第一，大力推动农家书屋建设。四川省先后建成覆盖全省行政村的农家书屋48726个，实现"村村有书屋"，一定程度上解决了农民"读书难、看报难"的问题，被农民誉为"改变命运的知识库、学习致富的黄金屋"。第二，建设农民工文化驿站。依托原有的职

让阅读成为一种生活方式

工书屋和流动职工书屋建设农民工文化驿站，特别是在农民工聚集的社区加强农民工文化驿站建设。充分利用农民工文化驿站开展读书活动，丰富农民工精神文化生活。自贡市富顺县富世镇海棠村农家书屋则早在2014年就获得了"首批全国示范农家书屋"的光荣称号。

■ 居民社区阅读阵地的拓展

随着四川省城镇化建设的不断加快，社区规模不断扩大，人口密集。社区文化建设、书屋建设对推动全民阅读工作具有重要作用，因为城乡居民的居住、生活都围绕社区展开，在社区设立阅读场所、开展文化活动有助于阅读活动深入基层、直接面向广大读者。成都市在推动社区书屋建设方面积极探索，计划用三年时间，积极整合社区文化阅读资源，与新华文轩等大型国有文化企业合作，在成都市建设150家"文轩读读书吧"，打造"1公里内有书屋、15分钟文化圈"的密集型阅读阵地，未来市民们可以享受"休闲漫步能阅读，提着菜篮子逛书店""一街一书屋"的便捷阅读服务。

■ 家庭阅读小阵地的塑造

家庭是一个社会的最小细胞，一个社会的阅读风貌和阅读习惯如何，很大一部分要依靠家庭内部阅读氛围的带动。对家庭阅读小阵地的打造，主要依靠以各级各地方的"书香之家"评选活动为抓手，树立阅读家庭典型，示范号召广大家庭积极参与阅读。首届"书香之家"评选活动始于2014年。在国家新闻出版广电总局举办的全国"书香之家"评比活动中，四川省有43户入选，展现了基层群众的读书风采。在四川省首届"书香之家"评选活动中，共评选出了20个"书香之家"，起到了良好的带头示范作用。

读书好似爬山，爬得越高，望得越远；读书好似耕耘，汗水流得多，收获更丰满。 ——臧克家

▲ 2016年4月22日，"百溪书院·文轩读读书吧"正式投入运营

■ 各级学校阅读阵地的建设

培养良好的阅读习惯，需要从学生抓起。在中小学、大学中开展全民阅读进学校活动，有助于培养中小学生的课外阅读习惯，营造倡学、尊学、爱学、助学的校园氛围，促进学生的全面发展。四川省在这方面首先，大力加强大中专院校图书馆和中小学校图书室建设，丰

让阅读成为一种生活方式

富藏书品种和内容，创新服务模式，创造有利于全民阅读在学校深入开展的条件。其次，创新进校园阅读服务模式，把推广阅读和创客服务结合起来。在成都大学试点建设了轩客会创客空间书店，学校师生除了可现场购买图书外，还可以免费借阅新书，借阅的图书直接转化为图书馆采购订单。最后，是探索大型书城、门店与学校合作的校园文化服务模式。以公益讲座、好书分享等方式开展书香进校园活动，将科学精神、人文精神、哲学精神融入校园文化的建设中。

■ 机关单位阅读阵地的营造

针对党政机关工作人员本职工作较为繁忙，阅读时间碎片化，借还图书不便的实际情况，办公场所开设自助图书馆，方便广大机关干部职工借阅图书、学习提升。2016年9月，"文轩云图24小时自助图书馆"在中共四川省委办公大楼一楼大厅正式开馆运行，受到了省委办公厅、省委宣传部领导和干部职工的广泛好评。随着自助图书馆在党政机关办公场所的陆续开馆运行，相关功能还将不断完善，如新书线

▲ 四川省委办公大楼自助图书馆

　　读书不能囫囵吞枣，而要从中吸取自己需要的东西。　　——［挪威］易卜生

上预约、借转购、出版物线上购买体验等，能够为机关干部职工提供更加丰富、更加便捷的阅读服务，把阅读阵地真正拓展到党员干部的身边。

■ 企业职工阅读阵地的建设

四川省绵阳市，集中了一大批工矿企业，在企业上缴利税连年递增的同时，不少企业都面临着人才断层加大，职工业余生活匮乏的问题。四川烟草工业有限责任公司绵阳分厂把"职工书屋"的建设当作基础建设和人才建设的一项重要工作来抓，在职工书屋的"建、管、用"三个方面都取得了显著成效。阅读阵地的建设本身不是目的，如何用好这些阵地才是不断加强阅读阵地建设的根本意义所在。四川烟草绵阳分公司为了充分发挥职工书屋陶冶人、培育人的作用，积极开展了适合普通职工的丰富多彩的读书活动，比如开展"以书评征文为主题的争当知识型职工活动""以学以致用为主题的技术攻关活动"等。职工书屋不仅陶冶了职工的情操，更重要的是对职工提高职业技能有着促进的作用。

■ 特殊阅读阵地的坚守

全民阅读是全民参与的公益性活动，《决定》中明确规定了每一个公民都有权受到阅读保障。有一些人，他们坚守在高原边疆、他们奋战在海岛，他们是最可爱的人。可是在承担繁重的训练和值勤任务之余，阅读场所、阅读书籍的不足，一直是一线官兵文化生活匮乏的症结之一。为丰富他们的文化生活，为他们坚守住一方阅读天地，2015年，四川新华发行集团有限公司、新华文轩出版传媒股份有限公司与成都军区联勤部川藏线兵站部共同组织，分两次为千里川藏线沿线驻扎的数十个

让阅读 成为一种生活方式

小兵站，送去了价值100余万元的图书和书架，建设了37个"文轩军营读读书吧"。两次送书活动，翻越数座海拔4000~5000米的雪山，不仅为官兵带去了精神食粮，还送去了暖暖心意和阅读保障。

作为全民阅读进军营的延续，四川新华发行集团有限公司、新华文轩出版传媒股份有限公司在2016年还走进共和国最年轻的地级市——三沙市，并在那里开设特色书店；送书、送文化活动到三沙市及周边海岛，丰富当地军民文化生活。在祖国的最南端，全民阅读的小小阵地被牢牢地树立了起来。

阅读渠道建设从纵深部署到多点开花

图书从作者的创作到最后读者的阅读，需要各个环节多个工作的通力配合，而一本书究竟能不能及时准确地送达有需求的读者手中，图书的销售和展示渠道就显得尤为重要了。如果说"七进"活动是承载全民阅读阵地建设的巨大身躯，那么渠道建设就是负责打通关节、游走在这个巨大身躯里使之能够有效运行的血脉管道。在这一点上，国有渠道和民营渠道可谓是各展所长，各有特色。

作为国有文化出版传媒企业，新华文轩拥有近200家门店，覆盖四川省各市、县（区），构建了营业面积近20万平方米的连锁销售网络，担负着四川省全民阅读的主渠道责任。近年来新华文轩结合企业发展需要，适应群众阅读变化，着力打造"线上+线下""省内+省外"相结合的垂直纵深阅读服务体系。新华文轩还主动走进社区、大学建设文轩读读书吧和校园轩客会书店，创新"街道社区提供物业，文轩统一运营，新书免费借阅，政府回购图书，增值文化服务"的书店经营模式，有效打通文化经营场所与公共阅读空间的阻隔，解决公

读书无嗜好，就不能尽其多。不先泛览群书，则会无所适从或失之偏好。广然后深，博然后专。 ——鲁迅

共文化服务最后一公里的落地问题。而这最后一公里的距离往往是少数民族地区、老少边穷地区所急需的阅读服务。

四川作为一个文化大省，成都是一个拥有3000年历史文化积淀的名城，民营渠道在文化传承和传播过程中起着重要的作用。如今，随着多元文化的不断融入，古老的文化在图书的销售渠道上焕发出了新的时代活力，成为成都这座历史文化名城新的文化坐标。

2016年4月28日晚，到成都宽窄巷子调研的李克强总理一行被见山书局的招牌吸引，总理问："你们书店为什么叫'见山'？"尚未从惊喜中回过神来的店员回答道："开门见山，生活简单，精神丰富!""你解释得不错。的确，书中能见山见水，见大千世界，也能见古今中外，见世道人心。"李克强总理给出了自己对"见山"的理解。接着他问道："现在实体书还卖得好吗？"书店店员告诉总理，生意不错，尤其是成都文化类的书籍卖得很好。短暂地调研了民营实体书店的经营情况后，李克强总理购买了两套成都风貌的明信片，以及一本《老成都——芙蓉秋梦》。

▶宽窄巷子的
精神家园——
见山书局

让阅读 成为一种生活方式

▲ 成都阅读生活新地标——方所

像见山书局和散花书局这样的独具人文情怀的民营图书销售渠道在成都还有很多：言几又书店、西西弗书店、page one书店、方所书店、猫的天空、今日阅读、象形书坊书店等，都形成了各自不同的特色和优势，并不断扩大经营规模。它们与新华文轩这样的国有书店遥相呼应，成为阅读服务阵地中不可或缺的重要力量，形成了国有和民营渠道竞相发展、优势互补的良好态势。

与时俱进，流动化阅读平台的大力推广

当今世界，移动终端、虚拟现实这些新技术的运用和普及，把人们对时间和空间的概念重新打破重组，阅读习惯也由此发生了以碎片化、个性化、偶发化等为特点的变化。特别是在年轻的"90"后和"00"后群体中，传统纸质阅读习惯向数字化阅读习惯的转变已是必然趋势。在这样的时代大流的冲击下，做好适应年轻阅读群体阅读习惯的改变，抢占新兴的阅读阵地的工作，就成为全民阅读工作者需要特别关注和重视的领域。

读书是我唯一的娱乐。我从不把时间浪费于酒店、赌博或任何一种恶劣的游戏；而我对于事业的勤劳，仍是按照必要，不倦不厌。　——〔美〕富兰克林

从阅读内容来说，要打造数字化的阅读平台首先需要大量的数字化阅读资源。这些资源有些来源于对传统阅读资源的数字化转化，比如对大型图书馆藏书、经典图书、畅销书的一些数字化改造；另外一部分也来源于对传统阅读场所进行的流动化改造。四川省在这个方面可谓做出了自己的特色。

首先是数字化图书资源与互联网平台的接入，这一点，省会城市成都做得尤为突出。2016年4月13日，在第二届中国数字阅读大会上发布的《2015年数字阅读白皮书》显示：在中国数字阅读城市指数榜单中，成都位居第一。这份调查还显示，有17.10%的受访市民选择电子阅读，而在电子阅读方式中，排在前两位的分别是在线阅读、手机阅读。这从一个侧面充分说明了成都市在数字阅读环境的建设方面所做的努力，因为高速、便捷地接入互联网是在线阅读和手机阅读的重要支撑。可以说成都市在中国数字阅读城市指数榜单上的榜首位置与多年以来对数字阅读阵地不遗余力的建设是分不开的。据成都市经信委介绍，2016年底，成都市政务办证中心、客运站、旅游景区、公立医院、体育场馆等100多处场所的公共WiFi系统，将正式投入运行，从具体覆盖的区域来说，将达到300个场所。而在未来三年内政务办事场所、公立医院、体育场馆、商业街区、图书馆、博物馆、旅游景点等10类场所全段IP数量要达到3万个以上。也就是说，在不久的将来，读者在成都市所有公共场所，随时都可以介入互联网进行数字化阅读而不需要单独支付流量费了。

其次是在广大农村和偏远地区，虽然无力在短时间内建立起完备的流动化阅读平台，但不少根植基层实际，既能满足群众对流动阅读阵地的需求，又不会给财政造成过大负担的、接地气的流动阵地，也为全民阅读工作的深入开展做出了不小的贡献。比如巴中市在2015年

让阅读成为一种生活方式

▲ 珙县十子桥之孔子桥

就将图书馆搬到了大巴车上，建成能够走街串巷的流动图书车4台；又比如2014年宜宾珙县，结合对县城10座桥梁的改造工作，将老子、孔子、孟子、管子、孙子、庄子、韩非子、墨子、荀子和晏子等春秋战国十大思想家精神思想作为主题，通过简介、名言、成语、故事，运用书法、浮雕、雕塑等艺术形式，展现中国的传统文化，被老百姓亲切地称为"十子桥"，成为珙县特有的文化景观，吸引群众和游人驻足流连。

对流动化阅读平台的打造，是最贴近群众生活，也是最能潜移默化地改变人们的阅读习惯、提高人们的阅读效率的。这需要全民阅读的工作者既有前瞻性又把工作落到实处来。阅读阵地的建设，可以搞阵地战也可以搞游击战，可以以点带面、抓典型，也可以春风化雨、润物无声。总之，从群众的根本需求和切身感受出发，不拘一格，用心做事，才能使四川省的阅读阵地呈现出一派欣欣向荣、百花齐放的景象。

家有余粮鸡犬饱，户多书籍子孙贤。　——（明）施耐庵

引领阅读模式

　　随着时代的进步，阅读方式、阅读习惯的转变已经是大势所趋，这些转变不可避免地给传统的阅读模式提出了新要求。有些转变或许是顺势而为，在不知不觉中已经发生，而作为全民阅读工作政策的制定者、实施者却不能只是被动地接受这种改变，要自主地对阅读模式的改进和提升进行思考、创新，对民众的阅读习惯进行引导，这是《决定》中强调全民阅读政府主导原则的一项重要议题。

<h2 style="text-align:center">紧扣热点，丰富阅读模式，提升阅读体验</h2>

　　一方面全民阅读工作需要继承和发扬传统文化，从中汲取营养，延续中华民族优秀的阅读传统；另一方面，全民阅读工作体系也是跟随时代脉搏，紧扣重大热点事件，宣传国家战略层面的重大调整和弘扬社会主义核心价值观的优质载体。党的十八大以来，党和国家对党的建设、经济工作以及文化建设做出了重要部署和调整，随着"十三五"规划开局之年的到来，不少中央部署都在全省范围内逐步贯彻落实。全民阅读是文化建设工作的重要组成部分，是直接与广大人民群众打交道的民生工程，在全民阅读工作中抓主题、增时效，能有效地推进国家政策的落地营造良好的舆论氛围，也能在民众的阅读

范围和深度上进行有益的探索和开拓。倡导对主题阅读物的阅读，一直以来都是传统阅读模式中的重要主题，但随着时代的进步和发展，对主题阅读物的阅读方式也在顺应着时代的步伐发生着改变。以往，读者常常会觉得主题阅读物从内容到形式都比较枯燥、单一。怎样对主题阅读物的阅读模式和阅读感受进行升级改造，也是全民阅读一线工作人员一直在实践中摸索的问题。变单一的文字为更丰富的图片形式，从被动地要求大家去读，到主动地变换阅读形式引导大家去读，这些都是全民阅读工作在宣传主题阅读物，紧扣时政热点中摸索出来的新路子、好方法。

比如雅安市图书馆，针对2015年是抗日战争暨世界反法西斯战争胜利70周年这一重大节点，提前购买了"抗战主题"的图片和图书，举办"中国人民抗日战争暨世界反法西斯战争胜利70周年"图

▲ 四川省纪委监察厅、四川省文联共同举办的"清廉四川文艺创作工程作品展"在四川省美术馆开展，200余件精美的廉政文化艺术作品受到众多参观者关注

课外阅读，用形象的话来说，既是思考的大船借以航行的帆，也是鼓帆前进的风。没有阅读，就既没有帆，也没有风。 ——［苏联］苏霍姆林斯基

片展和图书专架展，把"展""阅""借"结合起来，在3个月的时间内，参展和借阅人数达0.7万人次。雅安市图书馆也积极和其他文化部门合作，拓展阅读的模式。比如雅安市图书馆与四川鑫和书画院联合举办了以"缅怀峥嵘岁月，传承优秀文化"为主题的纪念红军长征胜利80周年的书画联展，有1300余人参观了书画展。除此以外，雅安市各级图书馆还以"为民·务实·清廉""八礼四仪""三严三实""大力弘扬焦裕禄精神"等为主题举办了各种紧扣时代主题的图片展，大大提高了民众对主题阅读物的兴趣和接受程度。

城乡一体，数字化阅读模式向基层推进

四川省全民阅读工作对民众阅读模式的引导，除了在传统阅读模式上不断丰富、创新外，还将未来重要的数字化阅读模式不断向基层层层推进，决不让基层群众在数字阅读的浪潮中掉队。通常来说，基层群众受环境和传统生活习惯的影响，阅读一向是文化生活中较为缺乏的一种形式，但是在科技大浪潮的洗礼下，他们对文化知识的需求又是最迫切的。如何引导基层群众的阅读习惯，引领他们的阅读模式，提供真正高效、便捷、实用的阅读服务，是省、市州各全民阅读指导委员会每年开展全民阅读工作都十分重视的问题。不同于超大城市引领数字阅读模式的重心在于数字阅读与移动互联网平台的无缝对接上，基层的数字阅读服务更多的是在内容本身的数字化转化和提供内容的方式上下功夫。

比如"书香宜宾·阅读戎州"全民阅读活动公共网络服务平台的建设就很好地实现了基层群众对数字阅读的满足。该全民阅读网

▲ 书香宜宾·悦读戎州

络服务平台于2013年11月18日上线运行，网站设置"活动概况、活动安排、活动动态、活动视频、学习园地、好书推荐、文明讲坛、书评、格言、典故"等多个栏目，能够为广大读书爱好者提供阅读、交流、品读的网络阅读体验空间。与此同时，宜宾市还积极推动电子阅报屏建设，在车站、码头、广场等人群密集场所建设40个公共电子阅报屏，并采取"政府出资、报社实施、市场运作、部门监管"的建设管理运行模式，确保公共电子阅报屏建得起、管得好、有实效、可持续。这样既极大地集约了传统纸质媒体在印刷、物流、展示、交流等环节所需消耗的财力、物力，也较好地为基层群众从传统阅读逐步适应、过渡到数字化阅读打下了一定的基础。

对基层数字化平台的建设和对数字阅读模式的倡导，近年来被越来越多的市州所重视。达州、乐山、巴中等都把建设数字图书馆或数字化图书资源平台作为全民阅读工作的重要抓手。达州全市各数字图书馆在2015年便先后建成，同时鼓励读者开始使用电子图书阅读机，

贫者因书而富，富者因书而贵。 ——（宋）王安石

读者可以通过手机、电脑、电子图书阅读机等设备，进行海量阅览，极大地扩展了阅读内容，丰富了阅读形式，方便了人民群众。其中宣汉县图书馆读者利用电脑或手机通过图书馆中心门户网站，实现了对200万种以上中文电子图书的全文检索，对馆藏纸书、电子图书、期刊等馆藏资源统一检索，可第一时间阅读当天最新报纸，可远程访问电子期刊、会议论文、学位论文、专利、标准、联合目录、期刊目次库等，可查询到600家以上图书馆馆藏及电子资源，实现了"足不出户就能进图书馆，鼠标一点就能读书"的阅读模式。

具体到田间地头、牧区乡村，全民阅读工作对广大农民阅读模式的引领和改变也是有目共睹的。四川人民出版社作为四川省内的党社，在全民阅读工作中承担着义不容辞的责任。该社在中共四川省委宣传部、四川省新闻出版广电局以及新华文轩出版传媒股份有限公司的领导下，组织实施了"雪域新颜　好书为伴"2015年全民数字阅读专题活动。该活动针对藏区农牧民缺乏藏文数字阅读服务的实际情况，选派精兵强将，精心部署，组织到位，在向西藏昌都图书馆捐赠了近年来出版的优秀藏语、藏汉双语出版物及其电子版权共164种1700余册的基础上，还向当地牧民赠送了"党政图书馆（藏语语音版）APP"的智能终端设备15台，并在现场开展了丰富多彩的数字阅读体验活动，手把手地教会了受赠牧民学会流畅使用"党政图书馆（藏语语音版）APP"的数字化阅读功能；在"看书"以外的世界中，又为藏族同胞开启了一道全新的阅读途径——"听书"，让藏区群众充分感受到了互联网时代数字阅读的巨大魅力。

让阅读 成为一种生活方式

▶ 四川人民出版社"雪域
新颜 好书为伴"数字阅
读体验活动

弘扬本土文化，特色阅读活动层出不穷

四川省具有悠久的历史文化传统，各市州的历史文化名人层出不穷，阅读传统丰富且各具特色。在创新阅读模式、提升阅读体验方面，各市州都以本土的历史与文化为依托，打造出一批内容丰富、形式新颖的阅读活动来推进全民阅读工作的充分开展。

2013年，时值郭沫若诞辰120周年，乐山市便主打本土名人牌，充分利用名人的影响力和号召力，开展了以纪念郭沫若诞辰120周年为主题的全民阅读活动。比如在全市范围内举办"郭沫若杯"征文大赛，以写带读，以征文形式带动阅读风气。仅乐山师院一家单位就结合本次征文开展了一系列活动：举行隆重的活动开启仪式，举办读书讲座，开展读书活动，鼓励所有教师、院系学生、临时培训的国培学员参与征文，并组织相关院系老师进行评审。通过这样的征文比赛，参赛者充分查阅了资料，调动了阅读积极性；非参赛者通过一篇篇征

欲读天下之奇书，须明天下之大道。 ——（清）蒲松龄

文，更加了解了乐山本土文化，达到了和传统阅读模式一样的阅读效果。

内江市的"大千讲坛"是由内江市委宣传部、市文广新局、市社科联主办，内江市图书馆、内江市图书馆学会与大千在线联合承办的公益文化宣传讲座，从2009年起便已开讲。每期主讲人都用新颖的观点、翔实的内容、精炼的语词，将内江文化深入浅出地融入民众文

▲位于乐山市沙湾区的郭沫若故居

化，为大家讲解，使前来的听众耳目一新，受益匪浅，成为内江市民的一道文化大餐。

2012年4月23日，由内江市图书馆、内江市图书馆学会编辑的汇集"大千讲坛"精粹为一体的《大千文化丛书（第一辑）》正式出版发行，这是文化活动反哺阅读的一次生动实践。走过七八个年头的"大千讲坛"丰富和发展了内江文化，满足了大众了解内江文化的需求，打通了大众"听—读—思"的过程，起到了不断向纵深推进全民阅读工作的作用。2013~2014年，内江市还将3期"大千讲坛"引进军营，并向全市部队、武警官兵直播，深受部队、武警官兵欢迎。

同样是对本土文化的挖掘，泸州市充分利用其酒文化，德阳、绵阳利用其工业文化，自贡利用其盐业文化，广元、巴中充分利用其红

▲ "大千讲坛"进军营

色文化，组织起诸如"文化讲堂""专题培训""主题阅读"等多
种文化活动来创新、引领新的阅读模式，提供差异化的阅读体验。

白鹿洞诗

（唐·王贞白）

读书不觉已深，一寸光阴一寸金。
不是道人来引笑，周情孔思正追寻。

好读书，不求甚解；每有会意，便欣然忘食。 ——（晋）陶渊明

营造阅读气氛

　　阅读气氛的营造是一项综合性工程，它和全民阅读其他方方面面的工作都密不可分但又自成体系；它既有自身作为宣传工作的特点，又无时无刻不渗透在全民阅读的其他工作中。四川省全民阅读工作的气氛营造可分为前后相继、互有交叉的三个板块：第一，对全民阅读政策的宣传、对各项活动的报道，广而告之；第二，开辟专门的舆论阵地，以报刊、移动媒体等多种多样的形式全面覆盖受众群体；第三，引入企业经营的理念，倾力打造四川自己的阅读品牌。

强化政府职责，广泛宣传推广

　　在全民阅读工作的舆论宣传工作上，四川省特别强调政府的主导作用，高度重视全民阅读工作的法治化进程。随着2016年3月29日《四川省人民代表大会常务委员会关于促进全民阅读的决定》的正式通过，四川省全民阅读工作纳入了法制建设的轨道。这就意味着，全民阅读工作将体现在四川省国民经济和社会发展规划、精神文明建设、城乡建设等一系列的考核体系中，舆论宣传工作当然也不例外。在《决定》通过后的第六天，中共四川省委宣传部就向全省各市州党委宣传部、省直新闻单位发出了《中共四川省委宣传部关于印发〈四川省人大常委会关于促进全民阅读的决定〉宣传报道方案的通知》；
4月22日，中共四川省委宣传部就《"书香天府·全民阅读"宣传报
道方案》进行了批示。批示中对《四川日报》、四川电视台、《华西
都市报》《成都日报》《成都商报》等多家媒体对全民阅读的报道工
作做了具体的部署。其中要求《四川日报》在4月23日的"要闻"版
推出专题报道，刊发《四川省2016年"书香天府·全面阅读"启动仪
式》，并对其他活动诸如泸州"书香天府·全民阅读"活动启动仪式
现场活动、省图书馆正式开馆活动的报道做了细致的安排，同时还安
排省市重点新闻网站和媒体对报道方案中确定的重点报道进行集中推
送。如此高规格地对全民阅读活动的宣传工作进行报道，是在其他文
化活动中不常见的，足见四川省委、省政府对全民阅读宣传工作持续
深入开展的重视。

　　应该说，在政府的强调和重视下，全民阅读工作开展了多久，
宣传推动工作就进行了多久；全民阅读工作开展到哪里，宣传推广工

▲ 中共四川省委宣传部宣传报道方案

读书时，我愿在每一个美好思想的面前停留，就
像在每一条真理面前停留一样。　——［美］爱默生

作就跟进到哪里。宣传工作从方法上讲，就应形式新颖，让群众愿意看、愿意听、记得住；从效果上看，就应潜移默化、水滴石穿。各市州营造良好的全民阅读氛围，也是从群众身边的各种"走心"的小事开始做起的。比如泸州市在认真开展2013年"4·23"世界读书日系列宣传活动中，通过现场办理借阅证、赠送图书及网上读书卡、流动宣传车宣传、公布"读书之星"排行榜等系列活动，表彰了优秀的成人及少儿读者，让市民了解图书馆、走进图书馆、利用图书馆。这样做既在群众中树立了阅读的榜样，又很好地服务了群众。2013年7月，旺苍县为调动群众参与"旺苍读书节"的积极性，启动了旺苍读书节徽标征集活动，收到全县机关干部、学校教师、农民、军人、学生等27名作者的应征作品31件。这很好地调动了群众参与读书节的积极性，最终中选的作品也有效地为读书节营造了氛围。

构建舆论阵地，多点多级覆盖

全民阅读活动的具体形式是丰富多彩的，涉及的对象、范围又往往各具特点，传统的"一刀切"式的宣传报道，远远不能适应全民阅读舆论阵地的构建。从多家媒体具体工作的开展情况来看，为适应四川省全民阅读工作开展的复杂情况，其舆论阵地构建呈现出先导性、丰富性和多平台联动的特点。

一般来说，各家媒体首先都把制定宣传报道方案工作放在了首位。对照全省和市州每年的全民阅读指导方案，先期做好一年宣传全民阅读工作的重点和角度，能够沿用既有栏目的，在既有栏目中增加有关全民阅读工作的专题内容。比如《四川党建》杂志，在城市版长期以来的优势栏目"悦读"中，每期固定推出有益于党员干部学习欣赏的，涉猎政治、经济、文化、生活等各个领域的经典书籍5本。特别是2015年第四期，用两个页码的篇幅，着重介绍了国内第一本聚焦习近平总书记讲话用典的作品——《习近平用典》，该书从习近平数百篇讲话和文章中遴选出他使用频率高、影响深远、最能体现他治国理政理念的典故135则。该刊节选出一部分，配以精美设计，在全省党员干部读者中产生了积极影响。

对于原来没有设置相应阅读板块的杂志，或者是全民阅读内容不适用于既有栏目内容的，不少报刊采用了提前策划、配备相关人员、开设新栏目的做法，重新搭建全民阅读在传统报刊平台上的舆论新阵地。在这些舆论新阵地的搭建中，组织者还考虑到不同受众的具体需求，做出了一系列有针对性的采编。比如由中共四川省委宣传部、四川省新闻出版广电局、四川省全民阅读活动指导委员会办公室、新华文轩出版传媒股份有限公司联合编制了"领导干部'月读'参考书目"。这是一个专门为领导干部荐书、推书的平台，所选书目的政治功能、学术功能、实践功能是最重要的，在这种专业性强、针对性强的平台上"一本抵一百本"的传播作用非常突出。总的来说，各市州、各主流媒体从全民阅读工作伊始，都在舆论宣传平台的特色上下功夫。

2016年金秋10月的成都，进入了一年中最美好的季节。这座在全国"最爱阅读的城市"排名中名列前茅的城市将宣传阅读的阵地搬到了成都地铁——这个最富城市活力的新场所。本次活动是由中共成都市委宣传部主办、成都传媒集团和成都地铁公司承办、成都地铁传媒有限公司执行的全市公益性活动，在全国首创"流动书包"的概念。全国首创"流动书包"把图书馆搬进地铁，既是对阅读实体阵地的拓展，又是对宣传阵地的延伸。现代都市不少白领每天早晚都需要在地铁上度过相当长的时间，利用这个特殊的场合，成都地铁都会组织志

读书力求三性：韧性、记性、悟性。 ——魏明伦

愿者，背着装有书籍的书包，于地铁车厢内外，向市民免费提供书籍借阅。而整个借阅流程也充分考虑到地铁里人流大、时间紧的特点，全程采取了电子借阅的方式；如果需要还书，只需在固定书籍借还点之一，在规定时间还书成功后即可再次借阅。

　　这样的"流动书包"不仅仅只是提供借阅功能，每周"流动书包"还会推出主题图书、国学经典、老成都等系列图书，为读者提供更多样

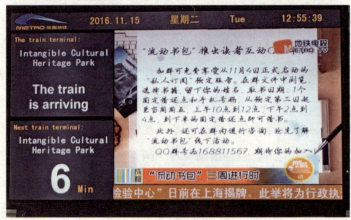

▲ 成都地铁"流动书包"

让阅读 成为一种生活方式

的选择，而地铁媒体在整个活动期间也会全程跟踪报道"流动书包"，真正让阅读阵地、舆论宣传、便民服务三者统一起来，这实在是一次全民阅读工作阵地建设和舆论宣传两平台相互联动的生动实践。

引入市场概念，塑造阅读品牌

全民阅读工作自2006年开展以来，已经走过了10个年头，其工作涉及方方面面，从国家战略高度、人民幸福的宏大层面来说，阅读是人民获取知识技能、开拓世界、提升素质和享受生活的重要方式。国家和政府如此重视阅读工作，是上升到提高民族素质、实现中华民族伟大复兴的高度上来考量的。从各省市职能部门工作开展的具体层面来说，如此一个庞大的系统工程，其运行机制、结构模式、绩效管理等诸多方面又是对政府执政能力的一次考验。如何在实践工作中总结、提炼、升华出一套四川省全民阅读的路子，四川省给出的答案是在政府主导中，引入企业经营理念，树立自己的阅读品牌——"书香天府"，因为只有品牌建立起来了，在舆论宣传、阵地建设、活动开展、机制运营等阅读生态的各个链条上，才能长期地、持久地起到正向的引导作用，才能事半功倍。

从企业管理角度而言，品牌意义一般由三个层面组成：首先是基本层面，是品牌的连续性层面，我们可以将其解释为品牌与过去的联系。具体到全民阅读和"书香天府"的关系，可以看成"书香天府·全民阅读"这个品牌是四川全省各地全民阅读工作开展十年之功的集中呈现。如同每年的4月23日，世界读书日的前后四川省内各地都会举行"书香天府·全民阅读"活动启动仪式，通过精彩纷呈的文艺表演、各种特色文化活动以及一系列优惠让利活动，营造"书香天

读书切戒在慌忙，涵泳工夫兴味长。未晓不妨权
放过，切身须要急思量。　　——（宋）陆九渊

府·全民阅读"的浓厚氛围，掀起每年全民阅读活动的小高潮。2016年"书香天府·全民阅读"活动的启动仪式在泸州举办，当天有5000多人到现场参加了启动仪式活动。该活动坚持公益文化服务方向，设立专门区域开展特色亮点活动：免费亲子阅读区、儿童绘本教学亲子互动、图书漂流捐书会、微信"摇一摇"全民抢书、"免费领书签，一元换新书"等，真正让老百姓免费享受到文化服务，赢得了广大群众的一致好评！活动中各实体书店惠民展销共计售书3480册，价值42874元；接受各书店和市民向山区小学捐书共计11500册，价值195500元。

这样一种长期的、惠民的、仪式化的活动每年在各个市州轮流举行，吸引众多文化名人和广大读者热情参与，享受阅读和文化盛宴，并让"书香天府·全民阅读"品牌在群众中，在文化界不断被印记。

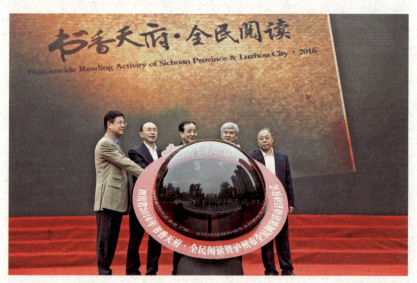

▲ 四川省2016年"书香天府·全民阅读"活动的启动仪式在泸州市举行

让阅读 成为一种生活方式

其次是情感层面,是描述品牌与消费者之间情感联系的层面。在全民阅读工作中,读者既是阅读经济实体的消费者,也是政府服务的消费者。他们对"书香天府"的认可度,对"书香天府"的情感密切度是最能反映全民阅读工作的开展情况和实际效果的。每年的"书香天府·全民阅读"活动期间,读者往往能最直接地享受一系列优惠活动。省、市、县各级图书馆,省内各出版单位、文化机构等也会联合推出系列文化活动,邀请文化界、工商界、科技界等各界名人到场,举行丰富多彩的讲座、互动活动,让广大读者和知名作者面对面沟通交流,共享思想和文化的盛宴。

新华文轩旗下各大书城、各个门店都会在全民阅读活动的启动仪式期间推出线上线下联动的实惠让利活动,全场图书以6.8折销售。每年的世界读书日优惠活动都会吸引大量读者到店选购图书,呈现出人山人海、排队购书的热烈场景;新华文轩线上销售平台——文轩网也同步推出全场满减、"超值9.9元商品"大抢购、整点1元秒杀等优惠活动,真正让利于民,使优惠让利和全民阅读活动不仅局限于省内,令全国各地的读者都能通过网上购书享受到"书香天府·全民阅读"活动带来的实惠,感受"书香天府"这个四川阅读品牌的魅力,从而建立起和读者最朴实的情感纽带和心里认同。

再次是方向性的层面,是关系到品牌将来发展的层面。也就是说,"书香天府"这个品牌未来的发展将会呈现出怎样一个走向,这是政府未来工作中需要逐步夯实和维护的;只有将这一点做好了,"书香天府"这个品牌才能在立起来了、有影响了的基础上持续散发它的作用和魅力。怎样对"书香天府"这个品牌进行定位?《四川省"十三五"时期全民阅读规划(2016—2020)》很好地回答了这个问题。《规划》中对"十三五"时期,"书香天府"这个品牌要做些什

书籍是屹立在时间的汪洋大海中的灯塔。　　——[美]惠普尔

▲ 2016年4月23日"书香天府·全民阅读"活动，当时文轩卖场的系列惠民活动引发群众抢购热潮

每年的世界读书日优惠活动都会

吸引大量读者到店选购图书，

呈现出人山人海、排队购书的热烈场景。

让阅读成为一种生活方式

么、怎么做，做出了高屋建瓴的设计。其中特别指出，要在现有的基础上，继续做大做强4月23日"书香天府·全民阅读"活动日活动，在其他重要节庆期间要同时开展更加内容丰富、形式多样的阅读活动，以"七进"活动为依托，开展"农民读书月"、中华经典诵读、青少年爱国主义读书教育、四川省中小学读书小明星大赛、经典图书读后感等一系列活动，培育一批具有四川特色和全国影响的阅读示范项目和活动品牌，补充支持"书香天府·全民阅读"这一品牌，进而实现品牌影响力大幅提升，成为四川一张重要的文化名片的主要目标。为了达到这一目标，《规划》还专门制定了加强组织领导、贯彻落实决定、做好统筹协调、强化队伍建设、扩大媒体宣传这五个方面的具体保障措施。"书香天府·全民阅读"这个品牌怎么立起来？关于这个问题，答案可能很复杂，但简而言之，沉淀积累、统筹协调、形成合力、行之有效、持之以恒或许就是答案。

读 书

（南宋·陆游）

归志宁无五亩园，读书本意在元元。
灯前目力虽非昔，犹课蝇头二万言。

读书要用批判的眼光，要取其精华，去其糟粕。　　——邓拓

第六节　让阅读成为一种生活方式

2016年是国家"十三五"规划的开局之年，也是《四川省"十三五"时期全民阅读规划》的部署之年，作为提高民族素质、做大做强四川文化产业的重要途径和有力载体，四川的全民阅读工作正以前所未有的良好态势蓬勃发展。

落实政府规划，构建未来全民阅读四川体系

2016年6月，四川省全民阅读活动指导委员会办公室印发了《四川省"十三五"时期全民阅读规划》，此时距《四川省人民代表大会常务委员会关于促进全民阅读的决定》的颁布刚刚过去了3个月。《规划》对未来五年四川省全民阅读工作的指导思想、基本原则、发展目标、主要任务、重点工程、保障措施等方面做出了高瞻远瞩的规划和周密的部署，为构建全民阅读四川体系奠定了坚实的基础。

从目标建设来说，四川全民阅读工作开展十年来，从各个方面深刻地影响着四川民众的精神文化生活。未来几年，全民阅读工作从宏观和微观上究竟要达到怎样一个目标呢？《四川省"十三五"时期全民阅读规划》给出了明确的量化目标：

"十三五"时期四川全民阅读主要指标

类别	指　标		2015年实际	2020年目标	属性
公共服务	国民综合阅读率（%）		78	90	预期性
	国民数字化阅读率（%）		58	80	预期性
	年人均图书阅读量（册）		4.7	8	预期性
	年人均电子书阅读量（册）		3.2	6	预期性
	县级图书馆人均藏书量（册）		0.466	0.7	预期性
	阅报栏（屏）		8861	46318	预期性
	乡镇数字化发行网点（个）		0	4319	预期性
产品规模	图书、音像电子出版物品种数（种）		10000	11520	预期性
	民族文字出版物（种）		1100	1230	预期性
	出版物总印数	图书总印数（万册）	110000	120600	预期性
		报纸、期刊总印数（万册、份）	891500	914100	

　　这些具体的量化指标涵盖了以下三个层次：公共阅读服务体系基本完善，全省国民综合阅读率、国民数字化阅读率等指标在西部地区领先；全民阅读与经济社会发展相互促进，"书香天府·全民阅读"成为全社会的共识；热爱阅读、尊重知识、崇尚文明的文化价值观普遍形成，阅读成为四川民众的一种重要生活方式。这三个方面实际上是站在整个制度建设和构建全民阅读四川体系的层面，对未来政府、企业、个人在全民阅读体系中需要达到的建设目标做出了规划。结合主要阅读指标的量化数据不难看出，以政府主导为主的公共服务建设仍然是全民阅读四川体系的重中之重；扩大产品规模，提升产量质量，打造阅读品牌，助推经济建设，是深化四川文化体制改革、激发文化产业创造力的主要途径，是实现四川从传统的文化大省向文化强省转变的重要推手。

读一切深邃的书都应该如是：第一，要用自己的能力去理解；第二，要用自己的能力去批评。　——郭沫若

在这样一个全民阅读四川体系的构建过程中，各文化职能部门、文化产业机构势必会抓住机遇，勇于创新，紧紧围绕"四个全面"战略总体布局和省委治蜀兴川宏伟方略，做好对《规划》的落实工作，将全民阅读的四川体系融入自身的日常工作和重点布局，并深入到四川民众的学习和工作之中，为早日实现中共四川省委提出的"两大跨越"（即从经济大省向经济强省跨越、从总体小康向全面小康跨越）战略目标夯实文化基础，提供强大的精神动力和素质能力支撑。

强化重点工程，助推全民阅读文化生态建设

为了实现《四川省"十三五"时期全民阅读规划》提出的四川全民阅读工作目标，该《规划》相应地确定了八大重点工程并作为重要抓手。这八大重点工程是：四川出版精品工程，阅读公共服务设施工程，"书香天府·全民阅读"品牌创建工程，阅读示范引领工程，阅读惠民工程，数字阅读创新工程，阅读普及推广工程，阅读评估机制工程。

八大重点工程既是政府加强职能建设、构建全民阅读四川体系的重要抓手，又是助推四川文化生态建设、形成良好阅读氛围和文化生态的孵化途径。近年来，广大读者的阅读取向越来越向个性化、多元化、更加崇尚新知等方向转变。这就需要我们的新闻出版广电企业生产更多更好的优秀精神文化产品。不仅要高扬主旋律，传播正能量，传播社会主义核心价值观，引领读者和民众的阅读方向；而且要充分体现高品质、多样化，充分满足读者各种合理的阅读需求，提升民众阅读品位，提高四川民众素质和职业技能。总之，要在数量上生产更多、在品质上生产更好的精神文化产品。

◀帐篷书屋

　　《规划》中强调的八大工程，既有从政府职能角度出发的公共服务设施工程、惠民工程、阅读普及工程、阅读评估机制工程；又有从文化产业角度出发的出版精品工程、"书香天府·全民阅读"品牌创建工程；还有对未来读者的阅读模式、阅读形态进行前瞻性规划和部署的阅读示范引领工程、数字阅读创新工程。这八项工程同步推进，就能在满足读者越来越丰富的阅读需求的基础上，进一步激发文化产业的创造活力和创新能力，完善政府行政职能，助推四川省总体的文化生态建设。

　　目前，四川省委提出了振兴四川出版的战略目标和任务，省委宣传部、省新闻出版广电局、省财政厅等部门已经出台了一系列扶持政策和激励措施，全省的出版企业和其他文化企业正齐心协力组织生产更多样更优秀的文化产品、打造各自的文化品牌，一定会在不久的将来结出丰硕的成果，推动四川的全民阅读工作跃上新台阶。

一本书像一艘船，带领我们从狭隘的地方驶
向无限广阔的海洋。　　——［美］海伦·凯勒

◀ "精神午餐"
——邛崃活动会场

◀ "精神午餐"
——雅安天全活动现场

让阅读 成为一种生活方

全民参与，让阅读成为一种生活方式

《四川省"十三五"时期全民阅读规划》将"大力培养公民阅读习惯，提高公民阅读能力，改善公民阅读条件，奋力推动'书香天府'建设，形成全社会'爱读书、读好书、善读书'的良好风尚，为决胜全面小康、建设经济强省提供精神动力和社会环境。"作为四川省未来五年开展全民阅读工作的指导思想，由此不难看出，全民阅读在四川省实现"两大跨越"发展进程中的重要作用。

2016年四川省人大常委会通过《关于促进全民阅读的决定》，以立法形式对全民阅读工作进行规范，既是对以往工作的总结认可，更是对未来工作的引领示范。《四川省"十三五"时期全民阅读规划》的出台，则是党委和政府主导、机关企事业单位和民众共同努力的结果。从省上到市州和县区，从党政机关到企事业单位，从社会组织到民众个人，都为全民阅读的深入持久开展做出了积极的、富有创造性的探索和努力，阅读提振民族精神、阅读提高国民素质、阅读改变个人命运、阅读助推经济社会发展已经成为全省上下的共识。

书香飘天府，阅读正当时。目前，四川全社会已经形成了荐好书、读好书的浓厚氛围。未来几年，建设"书香天府"、形成全社会"爱读书、读好书、善读书"的良好风尚，使阅读真正在成为四川人民的一种生活方式，是八千多万四川儿女的共同目标，只要全省人民齐心协力，这个目标就一定能够达成。

阅读是什么？阅读能给个人和社会带来什么？这两个问题并不难回答，关键是需要我们每个人付出实实在在的行动，真正做到"爱读书、读好书、善读书"，让阅读更加深入我们的生活，如同衣食住行

读书有时会使人突然明白生活的意义，从而找到自己在生活中的位置。 ——［苏联］高尔基

一般，成为我们每个人的一种日常需求和生活方式。到那时，阅读之花将盛开在中华大地，支撑起我们的个人幸福和民族的伟大复兴。

阅读，从少数人到全民，是当代中国的历史巨变；阅读，从偶尔到经常，是当代中国人的品位升华。让阅读成为一种生活方式，是国家、社会、个人三者高度契合的一种高尚追求，全民阅读将伴随我们实现中华民族伟大复兴中国梦的历史征程！

奖章换书的故事

鲁迅在南京江南水师学堂读书时，因考试成绩优异，学校奖给他一枚金质奖章。他没有以奖章作为炫耀自己的凭证，而是到鼓楼大街卖了奖章，用卖奖章的钱买回了几本心爱的书和一串红辣椒。每夜读书读到发困时，他就摘下一根辣椒放进嘴里咀嚼，虽辣得难受，却能消除困意，让他能继续读书。

四川省人民代表大会常务委员会
关于促进全民阅读的决定

（2016年3月29日四川省第十二届人民代表大会常务委员会
第二十四次会议通过）

为切实保障公民阅读权利，促进全民阅读，提高公民思想道德修养、民主法治意识和科学文化素质，建设"书香天府"，增强四川文化软实力和竞争力，结合四川实际，作出如下决定：

一、促进全民阅读，加快文化强省建设

全民阅读是一项国家文化战略，是提高国家软实力的重要手段，是提升公民素质的重要途径，是丰富人民群众精神文化生活的重要方式。全民阅读应当遵循政府主导、全民参与、社会支持、服务大众、公平便利的原则，培育和践行社会主义核心价值观，传承和弘扬中华优秀传统文化和巴蜀文明，传播现代科学文化知识，推动四川社会文明整体进步。

二、强化政府职责，推动全民阅读开展

地方各级人民政府应当将全民阅读纳入国民经济和社会发展规划，提出明确工作目标；将全民阅读公共设施建设纳入城乡建设规划；将全民阅读工作经费纳入年度财政预算；将促进全民阅读工作纳入精神文明建设指标体系，作为社会主义精神文明建设和现代公共文化服务体系建设的内容。

地方各级人民政府应当大力推进公共阅读服务均衡发展，完善公共阅读服务体系，建立健全阅读资源共建共享机制，公共阅读资源配置重点向贫困地区、民族地区、革命老区倾斜。

四川省全民阅读活动指导委员会负责统筹规划指导全省全民阅读活动，其成员单位按照各自职责做好全民阅读工作。各市（州）、县（市、区）人民政府应当加强组织协调，负责做好全民阅读工作。

三、完善服务体系，提供良好阅读环境

推进以公共图书馆为核心的各类阅读服务场所建设，有效整合阅读资源。进一步建设完善公共图书馆、学校图书馆、农家书屋、社区书屋、职工书屋等阅读服务场所。

如果把生活比喻为创作的意境，那么阅读就像阳光。 ——池莉

加强数字阅读平台建设，推动"数字图书、报刊进家庭"，推广自助借阅机、智能图书馆、公共阅报栏（屏）等阅读信息化设施设备，满足多元化阅读需求。

公共阅读服务场所及设施应当依法实施免费开放；鼓励和支持学校图书馆（室）等单位及个人的阅读服务场所逐步向公众免费开放。鼓励和支持机关、企事业单位、专业组织、行业协会及社会团体等以多种形式参与推广全民阅读活动，发展专业阅读推广机构，向公众提供公益性阅读服务。

鼓励和支持各类优秀出版物的创作、生产、传播，积极推动出版融合发展，提升出版能力。加大出版物发行网点建设，扶持包括民营书店在内的实体书店、网络书店和其他阅读设施发展。

四、打造阅读品牌，发挥引领示范作用

4月23日为"书香天府·全民阅读"活动日。地方各级人民政府要在活动日举办相关活动，将"书香天府·全民阅读"打造成国内一流的阅读品牌，成为四川重要的文化名片。

鼓励各地开展特色阅读活动，打造全民阅读精品项目。以进农村、进社区、进家庭、进学校、进机关、进企业、进军营"七进"活动为依托，开展中华经典诵读、"农民读书月"、中小学读书小明星大赛、"书香之家评选"等活动。报刊、广播电视、网络等媒体要开设"书香天府"专题专栏，利用新闻客户端、手机报、微博、微信等新兴媒体，定期推荐优秀读物。倡导公民积极参与全民阅读活动，鼓励开展家庭阅读、亲子阅读等，培养公民阅读习惯。

五、关注特殊群体，保障基本阅读权利

各有关部门及公共阅读服务场所主管部门应当积极开展阅读关爱服务，为各类特殊群体提供阅读便利。重视培养未成年人阅读习惯和能力，加强阅读教学，保障学生课外阅读时间。着力解决农村留守儿童、家庭经济困难儿童、福利院儿童、流动人口随居子女等在阅读方面存在的特殊困难。关注老年人、残障人士等群体阅读的基本需求。

六、加强调查评估，科学指导全民阅读

地方各级人民政府要建立全民阅读活动的评价机制，广泛听取社会各界的建议意见，及时总结推广成功经验，不断提升阅读活动质量和效果。四川省全民阅读活动指导委员会应当建立全省全民阅读调查评估制度，定期开展全民阅读状况调查，并向社会公布调查评估结果，运用调查评估成果和公众评价机制，指导和推动全民阅读工作。

本决定自2016年4月23日起施行。

四川省"十三五"时期全民阅读规划

（2016-2020年）

根据《中共四川省委关于制定国民经济和社会发展第十三个五年规划的建议》《四川省国民经济和社会发展第十三个五年规划纲要》和《四川省人民代表大会常务委员会关于推进全民阅读的决定》，结合我省实际，制定本规划。

一、指导思想

高举中国特色社会主义伟大旗帜，坚持以马克思列宁主义、毛泽东思想、邓小平理论、"三个代表"重要思想、科学发展观为指导，深入学习贯彻习近平总书记系列重要讲话精神，全面贯彻党的十八大和十八届三中、四中、五中全会以及省委十届三次、四次、五次、六次、七次全会精神，紧紧围绕中央"五位一体""四个全面"战略总体布局和省委治蜀兴川宏伟方略，坚持以人民为中心，以促进阅读服务标准化、均等化为方向，以建立完善公共阅读服务体系为路径，以开展"书香天府·全民阅读"活动为载体，以推进全民阅读"七进"活动为依托，以实施八大重点工程为常态，大力培养公民阅读习惯，提高公民阅读能力，改善公民阅读条件，奋力推动"书香天府"建设，形成全社会"爱读书、读好书、善读书"的良好风尚，为决胜全面小康、建设经济强省提供精神动力和社会环境。

二、基本原则

坚持正确导向、科学引领，大力培育社会主义核心价值观；坚持务实创新、品牌打造，形成全民阅读长效机制；坚持政府主导、服务大众，保障人民群众阅读权益；坚持统筹整合、均衡发展，优化公共阅读资源配置；坚持突出重点、分类指导，推动个性化、差异化阅读服务；坚持全民参与、社会支持，共同促进全民阅读活动广泛开展。

三、主要目标

到2020年，我省公共阅读服务体系基本完善，全省国民综合阅读率、国民数字化阅读率等指标在西部地区领先；全民阅读与经济社会发展相互促进，"书香天府·全民阅读"成为全社会的共识；热爱阅读、尊重知识、崇尚文明的文化价值观普遍形成，阅读成为国民生活方式的重要内容。

读了好书之后，应当从中得到希望、勇气和喜悦，开阔视野。 ——［日］池田大作

——品牌影响大幅提升。实施一批体现四川特色、具有全国影响力的阅读精品项目，将"书香天府·全民阅读"打造成为国内一流的阅读活动品牌，成为四川重要的文化名片。

　　——热爱阅读蔚然成风。实现国民综合阅读率达到90%，国民数字化阅读率达到80%；年人均图书阅读量8册，年人均电子书阅读量6册；

　　——阅读产品极大丰富。实现图书、音像电子和网络出版物"十三五"期间出版总品种数达5.76万种，总印数达12亿册，报纸、期刊出版总印数达91亿份（册）；

　　——公共服务健全完善。实现农家书屋年均新增出版物60种；推动在人流密集地点和有条件的行政村建设阅报栏（屏）；全省大型文化书城、中小书店、农家书屋、社区书屋、校园书店、社区书吧、图书馆等公共阅读场所布局不断完善，形成城市社区15分钟便捷阅读文化圈、农村10里阅读文化圈，实现常住人口人均图书馆藏书册数高于全国平均水平。

"十三五"时期全民阅读主要指标

类别	指　标		2015年实际	2020年目标	属性
公共服务	国民综合阅读率（%）		78	90	预期性
	国民数字化阅读率（%）		58	80	预期性
	年人均图书阅读量（册）		4.7	8	预期性
	年人均电子书阅读量（册）		3.2	6	预期性
	县级图书馆人均藏书量（册）		0.466	0.7	预期性
	阅报栏（屏）		8861	46318	预期性
	乡镇数字化发行网点（个）		0	4319	预期性
产品规模	图书、音像电子出版物品种数（种）		10000	11520	预期性
	民族文字出版物（种）		1100	1230	预期性
	出版物总印数	图书总印数（万册）	110000	120600	预期性
		报纸、期刊总印数（万册、份）	891500	914100	

四、主要任务

　　——强化政府职责，保障阅读活动开展。各级人民政府要将全民阅读纳入国民经济和社会发展规划，提出明确工作目标；将全民阅读公共设施建设纳入城乡建设规划，为公共阅读服务提供必要设施；将全民阅读工作所需经费按规定纳入本级财政预算，为全民阅读活动的开展提供经费保障；将促进全民阅读工作纳入精神文明建设指标体系，作为社会主义精神文明建设和现

让阅读成为一种生活方式

代公共文化服务体系建设的重要内容。

——以核心价值观为引领，加强优质阅读产品供给。完善优秀出版物创作生产引导机制，深入推进国家重点出版、主题出版项目和四川出版精品工程实施，积极开展"四川好书"评选和"优秀川版图书"推荐等一系列活动，提供丰富多彩的精神产品，满足不同层次的阅读需求。

——完善服务体系，强化阅读阵地建设。不断建设完善阅读服务场所，整合各类阅读资源，建立阅读资源共享机制，探索长效运营方式。充分利用互联网、大数据、物联网等先进科技手段，提供多元化阅读服务。加强全省出版物发行网点建设，特别是农村和社区网点建设，加大扶持实体书店建设力度，支持出版物电子商务发展，打造垂直纵深阅读服务网络。

——打造"书香天府·全民阅读"品牌，扩大阅读活动影响。以"书香天府·全民阅读"为统领，强化品牌意识，各地要结合实际，制定年度工作实施方案，开展主题演讲、经典诵读、读书征文等形式多样的阅读活动。积极推进全民阅读"七进"，使阅读活动普及到基层，普及到群众。

——建立健全阅读推广体系，营造全民阅读氛围。鼓励发展阅读推广组织和阅读推广人，开展全民阅读志愿者服务活动，引导形成愿意读书、主动读书的社会风气，让阅读真正成为一种生活方式和精神特质。

——关注重点特殊群体，保障阅读基本权利。重点保障农村留守儿童、低收入家庭儿童、福利院儿童等特殊儿童群体的基本阅读需求，扎实开展青少年读书活动，培养青少年形成良好阅读习惯。依托职工书屋和流动书屋建设农民工文化驿站，为老年人、残障人士等特殊群体提供便捷的阅读服务，加大力度推动少数民族地区、贫困地区、边远山区阅读活动开展。

——建立科学评估机制，助推全民阅读可持续发展。定期开展全省全民阅读状况和全民阅读指数调查，向社会公布开展结果，并运用调查评估成果和公众评价机制，指导和推动全民阅读工作。依托高等院校和科研院所，加强全民阅读理论研究，为"书香天府·全民阅读"活动提供科学理论指导。

五、重点工程

——四川出版精品工程

以组织出版列入国家和省"十三五"重点出版项目规划的出版物为核心，紧紧围绕中国特色社会主义和中国梦、经济发展新常态和结构性改革、社会主义核心价值观、党的历史和发展、文艺原创精品等主题，实施四川出版精品工程，为公众提供思想性、艺术性、可读性俱佳的阅读产品，深度挖掘具有巴蜀文化特色的古籍并整理出版。组织翻译、出版列入国家和省重点

一个人可以无师自通，却不可无书自通。 ——闻一多

规划的少数民族语言文字出版物。

——阅读公共服务设施工程

在城镇主要街道、公共场所、居民小区等人口聚集地设置电子阅报屏，在有条件的行政村设置阅报栏；阅报栏（屏）要提供时政、"三农"、法治、科普、文化、生活及政务、应急信息发布等方面的信息服务，更好地满足我省人民群众读书看报和获取各类信息的需求。加大全省出版物发行网点建设，鼓励和扶持实体书店发展，完善书店阅读服务网络，实现大中城市有书城、县有书店、乡镇有发行网点、社区和村有书屋，构建由大型文化书城、区域中心书城、中心门店、独立书店、特色书店、社区书店、校园书店等组成的书店阅读服务网络。发挥基层综合性文化服务中心终端平台优势，推进中心书屋建设，创新阅读资源更新方式，发挥好农家书屋服务基层群众的作用。推进公共图书馆实行总分馆制，着力实施通借通还和图书流转，整合基层各类图书资源，依托全省公共图书馆，实现与乡镇文化站、农家书屋、社区书屋等基层阅读服务场所有效对接，全面实现一卡通用、通借通还、资源共享、城乡一体服务体系。各地广播电台进一步加强优秀图书的广播剧改编和播出。

——"书香天府·全民阅读"品牌创建工程

全省各地要在4·23"书香天府·全民阅读"活动日，组织开展全民阅读活动启动仪式，要在重要节庆期间开展内容丰富、形式多样的阅读活动，以进农村、进社区、进家庭、进学校、进机关、进企业、进军营"七进"活动为依托，开展"农民读书月"、中华经典诵读、青少年爱国主义读书教育、四川省中小学读书小明星大赛、经典图书读后感等活动，培育一批具有四川特色和全国影响的阅读示范项目和活动品牌，力争将"书香天府·全民阅读"打造成国内一流的阅读品牌，成为四川重要的文化名片。

——阅读示范引领工程

坚持开展"书香之家""书香机关""书香之乡（镇）""书香之县（市）"和"最美书店"评比，表彰"书香天府·全民阅读"先进单位和个人。推荐各类优秀阅读作品，开展"四川好书""优秀川版书""社长荐书""作家荐书""馆长荐书""优秀图书评论""干部读本推荐"等评选推荐活动，不断向社会推荐代表人类社会进步、代表中华优秀传统文化、体现民族精神和时代精神的经典阅读作品，有条件的市（州）立足当地开展优秀读物推荐工作，不断总结和推广全民阅读活动中出现的新经验和先进事迹，发挥典型模范的带动作用，形成全民阅读的示范效应。

让阅读 成为一种生活方式

——阅读惠民工程

通过向学龄前儿童捐赠书刊，促进基础阅读；向进城务工人员捐赠书刊，提高职业素质和业务技能；开展图书惠民活动，实现扶贫帮幼、共奔小康。支持出版发行企业走进农村、企事业单位举办各类出版物"惠民展销"活动。鼓励和支持有条件的自然人、法人和其他组织在确保出版物和设施质量的基础上对全民阅读给予捐赠、赞助，提供全民阅读服务。

——数字阅读创新工程

充分利用现代信息技术和先进科技手段，在有条件的地区、单位、学校、社区和公共图书馆增加自助借阅设施设备，推广24小时智能图书馆，满足多元化阅读需求。推进农家书屋、社区书屋、公共图书馆数字化改造。加强手机阅读、移动阅读和电子网络阅读等平台建设，推动"数字图书、报刊进家庭"。通过数字阅读屏，向全省群众推送数字图书期刊及音像电子出版物。在省、市、县的各主流网站建立"全民阅读"专题专栏。

——阅读普及推广工程

组织全民阅读的普及推广，鼓励支持发展阅读推广组织和阅读推广人。支持图书馆、社区书屋、农家书屋、各类书店等全民阅读服务场所配备阅读推广人，为读者提供辅导和服务。鼓励支持成立全民阅读促进会、读书协会、读书俱乐部等群众性社团组织，积极参与全民阅读活动。扶持、鼓励、培养全民阅读志愿服务团队，开展全民阅读志愿者服务活动。

——阅读评估机制工程

建立信息交流沟通机制，促进全省全民阅读工作信息的互通互动，通过QQ、微信等方式搭建专门的信息交流通道，及时报送、筛选、编印、发布全民阅读活动信息，逐步建设全民阅读工作微博、微信和网站。开展全省全民阅读调查，通过抽样调查等方法，定期开展全省全民阅读状况和全民阅读指数调查，并向社会公布调查评估结果。运用调查评估成果和公众评价机制，指导和推动全民阅读工作，不断扩大我省全民阅读工作的社会影响力。

六、保障措施

（一）加强组织领导

各地各部门要从国家重要文化建设的战略高度，充分认识全民阅读活动开展的重要意义，把"书香天府·全民阅读"作为一项关系民生福祉、群众利益和社会发展的重要工作来抓。根据省委、省政府对全民阅读的考核要求，将"书香天府·全民阅读"活动纳入本地"十三五"规划。切实加强组织领导，按照本规划内容进行安排部署，研究制定实施方案，明确职责分

爱好读书，就能把无聊的时刻变成喜悦的时刻。 ——［法］孟德斯鸠

工，落实具体责任，确保各项任务见到实效。

（二）贯彻落实决定

认真贯彻落实《四川省人民代表大会常务委员会关于推进全民阅读的决定》，各级阅读办公室和成员单位要领会《决定》的精神实质，带头倡导和促进全民阅读，制定全民阅读的扶持激励政策。各级财政、教育、文化、科技等相关部门在各自职责范围为开展全民阅读活动提供支持和保障，更好地满足人民日益增长的阅读需求，保障公民阅读权利，提高公民思想道德修养和科学文化素质，推动四川社会文明整体进步，增强四川文化软实力和竞争力。

（三）做好统筹协调

各地各部门要按照本规划及年度《"书香天府·全民阅读"活动总体方案》要求，制定本地区和本部门（单位）的活动规划及年度工作计划，在省全民阅读活动指导委员会的统一组织和协调下，结合本地实际进行具体组织实施。进一步完善各部门共同参与的全民阅读工作协调机制，充分发挥其组织领导、统筹协调、整合资源、资金保障等重要作用，为全民阅读工作提供有力组织保障。

（四）强化队伍建设

各级新闻出版广电行政部门要更加积极主动承担起全民阅读工作职能，加强内部全民阅读工作机构的设立和队伍建设，做到全民阅读工作"有人抓，有人管"。各地阅读办要建立阅读推广人才信息库，探索把非公有文化机构的工作队伍纳入行业人才建设体系，积极培养和充分发挥其作用。

（五）扩大媒体宣传

各地各部门要按照本规划，切实加强和改进宣传推广工作，研究制定全民阅读宣传报道方案，加大全民阅读公益广告投放力度，加强"书香天府·全民阅读"的宣传报道。全省各级报刊、广播电视、网络等宣传媒体深入基层、深入群众，宣传全民阅读先进典型，形成良好的声势和效果。

让阅读 成为一种生活方式

湖北省全民阅读促进办法

（2014年11月24日湖北省人民政府常务会议审议通过）

第一条　为了弘扬社会主义核心价值观，保障公民的基本文化权益，提高公民的思想道德素质、法治意识和科学文化水平，促进全民阅读活动深入开展，推动学习型社会建设，根据有关法律法规，结合本省实际，制定本办法。

第二条　本办法适用于本省行政区域内开展的各类全民阅读活动。

第三条　全民阅读活动坚持政府主导、社会参与、服务大众，遵循公益性、基本性、均等性、便利性的原则，通过健全服务体系，搭建服务平台，优化服务资源，提高全民阅读服务质量。

第四条　县级以上人民政府加强对全民阅读工作的组织领导，将全民阅读纳入国民经济和社会发展规划，建立全民阅读工作协调机制，组织、指导本行政区域的全民阅读活动。

设立省全民阅读活动指导委员会，组织、指导全省全民阅读工作。省全民阅读活动指导委员会办公室设在省新闻出版广电主管部门。

第五条　县级以上人民政府新闻出版广电主管部门负责本行政区域的全民阅读工作。

县级以上人民政府发展改革、财政、文化、教育、人力资源社会保障、住房城乡建设、公安、司法、民政等行政主管部门，按照各自职责做好全民阅读相关工作。

工会、共青团、妇联等人民团体和社会组织应当结合各自工作对象特点开展全民阅读工作。

乡镇人民政府、街道办事处、村（居）民委员会应当根据本地实际，组织开展全民阅读活动。

第六条　县级以上人民政府应当将全民阅读工作所需经费列入本级财政预算，加大对全民阅读的经费投入。省文化大发展大繁荣资金以及市、县级相关资金应当按照一定比例，专项用于全民阅读基础设施建设、全民阅读活动的组织以及对农村地区和贫困地区、少数民族地区、革命老区开展全民阅读工作的扶持等。

我读书总是以少为贵，人不贪学。不怕读得少，只怕记不牢。　　——徐特立县级以上人民政府应当充分利用国家和省有关项目资金，加大对城乡公共阅读服务基础设施建设投入，加强全民阅读基础设施建设。

第七条　县级以上人民政府应当将全民阅读设施建设纳入城乡规划，合理配置全民阅读资源，建立、完善全民阅读基础设施，逐步形成覆盖城乡的全民阅读服务体系。

建立、完善省、市、县公共图书馆服务体系，加快推进以基层综合文化服务中心、农家书屋、社区书屋、职工书屋为主体的全民阅读基础设施建设，健全城乡全民阅读公共服务体系。

第八条　县级以上人民政府应当加大对农村地区和贫困地区、少数民族地区、革命老区全民阅读活动的扶持，加大对基层全民阅读设施建设和服务的投入，促进全民阅读均衡协调发展。

第九条　县级以上人民政府有关部门应当结合本地区实际情况，合理配置全民阅读公共服务设施；保障出版物发行网点、经营性阅读设施的建设，支持实体书店发展。

广场、车站、码头、机场等公共场所应当设立书店、书架、报刊亭，方便群众就近阅读。

鼓励医院、宾馆、地铁、银行、公园、景区等公共场所和其他经营单位，提供全民阅读设施和服务，推动全民阅读服务多元化、社会化。

第十条　因城乡建设确需拆除全民阅读服务设施、出版物发行网点和经营性阅读设施，或者改变其功能、用途的，应当依法择地重建。重建应当坚持先建设后拆除或者建设拆除同时进行的原则，选址科学合理，不得低于原建设标准和小于原有规模。

第十一条　国家机关、企事业单位、社会组织应当围绕"书香荆楚·文化湖北"阅读品牌，推进全民阅读活动进机关、进学校、进企业、进村组、进社区、进家庭、进工地、进军营、进特殊群体、进网络，提高全民阅读活动的影响力和辐射力。

县级以上人民政府有关部门和工会、共青团、妇联等人民团体和社会组织应当开展"书香校园""书香企业""青年书香号""书香家庭"等活动，打造阅读品牌。

第十二条　公共图书馆、基层综合文化服务中心、农家书屋、社区书屋、职工书屋等全民阅读公共服务场所，应当按照国家和省有关标准建设，发挥全民阅读阵地作用。

县级以上公共图书馆应当将基层综合文化服务中心、农家书屋、社区书

让阅读成为一种生活方式

屋、职工书屋等纳入图书馆服务体系，开展图书交换和流动服务，提供专业指导培训。有条件的地区，应当积极推行同城范围图书的通借通还。

县级以上公共图书馆应当加强数字阅读、移动阅读和网络阅读平台建设，与基层综合文化服务中心、农家书屋、社区书屋、职工书屋等阅读终端互联互通，实现数字资源共建共享。

第十三条　全民阅读公共服务场所应当提供标准化、规范化服务，公示服务项目、开放时间等事项。

第十四条　鼓励支持新技术、新媒体在全民阅读活动中的开发、应用，为城乡居民提供方便快捷的阅读服务。

第十五条　国家机关、企事业单位、社会组织应当结合本单位工作特点，向职工提供阅读场所、设施和服务。

企业开展全民阅读活动的经费可以按照有关规定从职工教育经费中支出。

各级工会组织应当将开展职工教育、文体、宣传等活动支出工会经费的一定比例，用于本单位职工的全民阅读活动。

第十六条　县级以上人民政府教育行政主管部门应当指导高校、中等职业学校、中小学校、幼儿园开展阅读活动，培养学生读书习惯、营造读书氛围。

高校、中等职业学校、中小学校应当设置阅读场所，配备阅读推广教师，开设阅读课程，组织阅读教学，开展阅读活动。

第十七条　县级以上人民政府及其相关部门应当根据未成年人身心发展状况和实际情况，制定未成年人阅读促进工作方案和阅读分类指导目录，为未成年人的父母或者其他监护人以及教师提供阅读指导。

中小学校、幼儿园和全民阅读公共服务场所应当定期开展针对未成年人的阅读指导和服务，提供适合未成年人特点的阅读资源，满足其阅读方面的需求。

支持开展针对有阅读障碍未成年人的阅读研究和干预工作。

第十八条　全民阅读公共服务场所应当为残疾人、老年人等特殊群体提供必要的阅读辅助设施、设备，适应其阅读需求。

第十九条　县级以上人民政府人力资源社会保障、住房城乡建设等行政主管部门和工会、共青团、妇联等人民团体和社会组织，乡镇人民政府、街道办事处、村（居）民委员会应当为进城务工人员提供阅读指导和服务。企业应当为所聘用的进城务工人员提供阅读设施和服务。

全民阅读公共服务场所应当为进城务工人员提供与本地居民同等的阅读服务。

第二十条　司法行政部门、公安机关及社区应当为服刑人员、羁押人员、戒毒人员和社区矫正对象提供法律知识读本，有针对性地组织开展阅读活动。

第二十一条 鼓励支持高校图书馆、科研图书馆及其他类型的专业图书馆向社会开放。

鼓励支持出版发行单位和实体书店提供低价或免费的阅读服务。

鼓励社会组织和个人通过捐赠、提供阅读场所和服务等多种方式支持全民阅读活动。

第二十二条 鼓励支持发展阅读推广组织和阅读推广人。全民阅读公共服务场所可以配备阅读推广人，为读者提供辅导和服务。

鼓励支持成立读书协会、读书俱乐部等群众组织，开展全民阅读活动。

鼓励支持成立全民阅读志愿服务组织，扶持全民阅读基层志愿服务网点建设，开展全民阅读志愿者服务活动。

县级以上人民政府新闻出版广电等相关部门，对阅读推广组织的有关人员和阅读推广人免费提供全民阅读培训服务。

第二十三条 新闻媒体应当发挥舆论引导作用，通过开辟全民阅读专栏、推介优秀读物、普及阅读知识、刊播公益广告等方式推进全民阅读活动。

通信运营商、广告运营商应当向社会免费发送全民阅读公益宣传信息。

第二十四条 出版发行单位应当创新技术手段，整合出版资源，开发应用多媒体阅读产品，推广移动阅读、网络阅读、电子阅读、电视阅读等多种阅读方式。

鼓励支持出版、发行优秀出版物，开发、实施全民阅读活动有关的出版项目，开展阅读指导、图书展览、读书讲座等全民阅读活动。

支持出版、发行针对特定对象的盲文、有声、图画、大字本出版物和少数民族文字出版物等，满足特殊群体的阅读需求。

对优秀出版物按国家和省有关规定给予资助或者奖励。

第二十五条 县级以上人民政府应当在每年4月23日（世界读书日）和9月28日（孔子诞辰日）开展全民阅读专项活动。

新闻媒体和公共图书馆、实体书店以及有关社会组织应当在世界读书日和孔子诞辰日开展群众性阅读推广活动。

第二十六条 县级以上人民政府新闻出版广电主管部门应当根据国家全民阅读服务标准，结合本地实际，推荐优秀读物，公布推荐目录，将优秀读物纳入政府采购范围。

县级以上公共图书馆和基层文化服务中心、农家书屋、社区书屋、职工书屋应当按照推荐目录，采取专家荐书、群众选书等方式选配书籍。

第二十七条　县级以上人民政府建立全民阅读调查评估制度，将全民阅读指数纳入精神文明建设目标考核体系。

县级以上人民政府新闻出版广电主管部门应当定期开展全民阅读状况调查，并向社会公布调查结果。

第二十八条　县级以上人民政府采取政府购买、项目补贴、以奖代补、发放购书券等方式，鼓励和吸引社会力量参与全民阅读活动。

第二十九条　县级以上人民政府按照有关规定，对在全民阅读工作中作出突出贡献的组织和个人予以表彰和奖励。

第三十条　违反本办法规定，全民阅读公共场所及设施管理单位有下列行为之一的，由有关部门责令改正；逾期不改正、造成严重后果的，对负有责任的人员，依法给予行政处分：

（一）未公示服务项目、开放时间等事项或者未按照公示的服务项目、开放时间提供服务的；

（二）未按照规定设置全民阅读公共服务场所的；

（三）擅自改变全民阅读公共服务场所及设施用途的；

（四）故意破坏、损坏全民阅读公共场所及其设施的。

第三十一条　县级以上人民政府有关部门及其工作人员违反本办法规定，侵占、挪用全民阅读资产及资金，或者玩忽职守、滥用职权、徇私舞弊的，依法给予行政处分；构成犯罪的，依法追究刑事责任。

第三十二条　本办法自2015年3月1日起施行。

江苏省人民代表大会常务委员会
关于促进全民阅读的决定

（2014年11月27日江苏省第十二届人民代表大会常务委员会
第十三次会议通过）

为了促进全民阅读，培养公民自觉阅读的习惯，提高公民的思想道德修养和科学文化素质，推进"书香江苏"建设，根据有关法律法规，结合本省实际，作出如下决定：

读书使人充实，思考使人深邃，交谈使人清醒。　——［美］富兰克林

一、促进全民阅读，应当培育和践行社会主义核心价值观，继承和发展中华优秀传统文化，传播有益于社会文明进步的科学文化知识；遵循政府引导、全民参与、公益普惠、平等便利的原则。

二、县级以上地方人民政府应当将促进全民阅读纳入国民经济和社会发展规划，确定工作目标、任务和措施，其公共设施建设纳入城乡建设规划，工作经费纳入本级财政预算；将促进全民阅读工作作为江苏基本实现现代化指标体系考核、社会主义精神文明建设和现代公共文化服务体系建设的内容。

三、全民阅读活动领导小组负责指导协调本行政区域内促进全民阅读工作，其成员单位按照各自职责共同做好促进全民阅读工作。领导小组办公室设在本级新闻出版行政主管部门，负责日常具体工作。

四、县级以上地方人民政府应当统筹相关专项资金，安排相应资金用于促进全民阅读。全民阅读资金应当用于组织开展重大阅读活动、购买全民阅读公共服务、支持优秀读物的出版、扶持开展阅读推广活动和加强公共阅读设施建设等。

鼓励、支持成立全民阅读公益基金会，依法接受公民、法人或者其他组织捐赠。全民阅读公益基金会应当依法向社会公开信息，接受社会监督。公民、法人或者其他组织向全民阅读公益基金会捐赠的，依法享有关优惠政策。

鼓励公民、法人和其他组织向公共阅读服务场所捐赠图书等阅读资料和相关设备。

五、地方各级人民政府应当根据本行政区域内人口规模、分布和服务需要，合理设置公共图书馆和农家书屋、社区书屋、职工书屋等公共阅读服务场所，支持实体书店建设；加强阅报栏（屏）、书报亭标准化建设，保护和利用阅读文化遗存，并明确管理和维护的部门、单位和人员。

国家机关、企业事业单位、人民团体和社会组织应当根据自身特点和条件，设立相应的图书馆、阅览室或者图书报刊架等，提供多种阅读载体，开展经常性阅读活动。

新建、改建和扩建住宅小区配套建设的公共文化设施中应当设置公共阅读服务场所。

鼓励社会力量设立阅读服务场所。

六、建立和完善全民阅读在线服务，推进公共图书数字资源、阅读信息服务资源、公共阅读服务平台等共享网络建设，支持网络书店发展。鼓励和支持各类数字化阅读新技术的开发和应用。

鼓励、支持移动通信运营商免费发送促进全民阅读的公益信息，通过改进技术、降低成本，为移动终端用户提供健康有益、便捷高效的阅读服务。

七、每年4月23日为"江苏全民阅读日"。省人民政府每年举办"江苏读书节"，定期举办"江苏书展"。设区的市、县（市、区）人民政府可以根据本地实际情况举办读书节等活动。

在阅读日、读书节期间，地方各级人民政府及其有关部门和单位集中组织开展形式多样的阅读活动，营造促进全民阅读的良好社会氛围。倡导公民积极参与全民阅读活动。

八、地方各级人民政府及其有关部门应当组织建立全民阅读兼职推广员队伍，在公共阅读服务场所开展全民阅读指导和服务，培养公民阅读兴趣和习惯。全民阅读活动领导小组应当免费为阅读兼职推广员提供必要的专业知识和技能培训。鼓励志愿服务组织和个人参与全民阅读促进工作，扶持基层全民阅读志愿服务站建设，开展全民阅读志愿服务活动。

依法成立全民阅读促进会，在全民阅读活动领导小组指导下开展工作。引导专业阅读研究推广机构、阅读社团和社会力量设立的阅读服务场所等共同参与全民阅读活动。

发挥工会、共青团、妇联、科协和文联、作协以及其他社会组织在促进全民阅读中的作用。

九、新闻出版行政主管部门依法加强对出版活动的监管，净化阅读环境。

鼓励和倡导公民加强对中外优秀科学文化经典作品的深度阅读和系统阅读。全民阅读活动领导小组可以组织发布和调整全民阅读指导书目，向公众推荐优秀读物。

鼓励创作和出版更多的优秀作品。出版发行单位应当重视社会效益，加强各类优秀出版物的出版发行，开发促进全民阅读的重点出版项目，提供方便读者携带的读物和满足读者阅读收藏需要的经典文库，开展图书展览、读书讲座和阅读竞赛等促进全民阅读活动。

十、公共图书馆应当为公众提供良好的阅读环境和便捷高效的借阅服务，优先采购优秀读物，免费向公众开放馆藏阅读资源，积极开展阅读推广和专业指导。除用于收藏的珍贵古籍、重要资料和文献外，公共图书馆的图书应当实行开架借阅，并定期流转、补充和更新。

推进公共图书馆实行总分馆制，逐步实现县级公共图书馆图书与本行政区域内各类图书馆、基层公共阅读服务场所之间通借通还，公共图书馆数字资源与本行政区域内各类阅读设备终端互联互通、共享共用。

基层公共阅读服务场所应当完善管理制度，根据所在地区、单位的实际

和书的缘分就像谈恋爱，越是遭到砍伐
杀戮，越是生长得疯狂、热烈。 ——舒婷

和阅读人群的特点，提供实用性和针对性较强的读物，保证正常开放。

十一、公共阅读服务场所及其设施实行免费开放，在双休日、法定节假日和学校寒暑假期间应当根据实际情况适当延长开放时间。车站、机场、地铁、公园、宾馆等公共场所应当提供有效阅读条件，供读者免费阅读。鼓励和引导高等学校图书馆和其他单位、个人的阅读服务场所创造条件向公众免费开放。

鼓励和支持实体书店延长营业时间，扩展阅读服务场所，开展公益性阅读服务。鼓励有条件的实体书店24小时营业。

十二、地方各级人民政府应当高度重视培养未成年人的阅读能力和习惯，建立家庭、学校与社会相结合的促进全民阅读工作机制。

制定儿童早期阅读推广计划，鼓励亲子阅读。父母或者其他监护人应当为未成年人做好阅读示范和指导，提供适当的阅读条件，培养未成年人良好的阅读习惯。

图书馆、文化馆、博物馆、美术馆、科技馆、社区教育中心和未成年人文化生活活动场所应当根据未成年人特点，营造未成年人阅读环境，开展阅读指导培训，满足未成年人的阅读需要。建立和完善专门面向未成年人的阅读服务场所。

鼓励创作、提供有利于未成年人健康成长的作品，扶持出版、制作和传播以未成年人为对象的内容健康的图书、报刊、音像制品、电子出版物以及网络信息。

十三、地方各级教育行政部门应当有针对性地开展学校阅读教学评估和教师阅读指导技能培训，指导学校将阅读纳入相关课程和教学考核，保证每周有适当课时用于阅读教学。

学校应当把培养学生阅读能力作为素质教育的重要内容，结合教学计划，加强阅读教学。根据不同年龄段学生的身心特点，开展校园主题阅读活动，成立各类读书社团，为学生提供科学的阅读指导。减轻课业负担，保障学生课外阅读时间，引导学生加强课外阅读。幼儿园应当开展健康有益的与幼儿年龄和心理相适应的阅读活动。

十四、报纸、电台、电视台、期刊和新闻网站应当设立阅读栏目、节目、时段和版面，普及阅读知识和方法，宣传阅读典型，开展阅读评论，刊播公益性阅读广告，及时发布全民阅读活动领导小组推荐的优秀读物，引导公民树立终身阅读理念。

公务员、教师、作家、艺术家、科技工作者、新闻工作者和其他社会公众人物，应当带头发挥阅读示范作用，参加促进全民阅读推广等活动。

十五、地方各级人民政府有关部门、基层群众自治组织和有关社会服务机构应当为老年人、残疾人开展阅读关爱服务。公共阅读服务场所应当为老年人、残疾人阅读提供便利。公共图书馆应当为有视觉障碍的残疾人阅读提供必要的条件和设施。

地方各级人民政府和有关单位应当结合实际情况，解决特殊困难家庭、外来务工人员及其子女、农村留守儿童在阅读方面存在的特殊困难，满足其阅读基本需求。

监狱、戒毒场所和社区矫正机构应当为服刑人员、戒毒人员和社区矫正对象制定阅读计划，提供必要的阅读条件和阅读指导，定期开展阅读活动。

十六、省全民阅读活动领导小组应当制定"书香江苏"建设指标体系，建立全省全民阅读调查评估制度，并会同有关部门、单位或者委托有关中介机构每年开展一次全省全民阅读状况和全民阅读指数调查，调查评估结果向社会公布，并运用调查评估成果和公众评价机制，指导和推动全民阅读工作。

十七、有关单位和部门对在全民阅读促进工作中作出突出贡献的单位、家庭和个人，给予奖励。

十八、地方各级人民政府或者有关部门不履行本决定所规定职责的，由上级人民政府或者本级人民政府责令改正；逾期不改正的，对直接负责人和有关责任人依法给予处分。

公共阅读服务场所和设施的管理者违反本决定规定，不履行相应职责的，由主管部门责令限期改正；逾期不改正的，对直接负责人和有关责任人依法给予处分。

对有关人员挪用、贪污、侵占全民阅读经费、资源，或者擅自改变公共阅读服务场所和设施用途的，由主管部门依法给予处分；构成犯罪的，依法追究刑事责任。

十九、本决定自2015年1月1日起施行。

人的影响短暂而微弱，书的影响则广泛而深远。　——［俄］普希金

辽宁省人民代表大会常务委员会
关于促进全民阅读的决定

（2015年3月31日辽宁省第十二届人民代表大会
常务委员会第十六次会议通过）

为了弘扬社会主义核心价值观，规范政府促进全民阅读的责任和义务，激发社会各界参与全民阅读的活力，提高公民整体阅读能力，推动书香辽宁建设和文化强省建设，决定在全省深入开展全民阅读活动，并将每年4月23日设立为全民阅读日。

一、增强促进全民阅读的使命感。开展全民阅读活动是一项公益性事业。全民阅读活动应当遵循政府主导、社会参与、服务大众、传承文化、公益普惠、合理便利的原则，将科学文化知识转化为文化创新动力，将道德文化知识转化为文明行为。

二、全面开展阅读推广各项活动。各级政府、各相关部门应当以阅读日为起始，集中开展为期两个月的全民阅读活动，以阅读推广活动进机关、进社区、进校园、进企业、进乡村、进军营为工作重点，通过举办阅读竞赛、读书征文、推荐书目等活动，推进全民阅读活动广泛扎实开展。

三、组织公共文化机构提供读书惠民服务。全省各级各类公共图书馆自每年4月23日起，在免费开放的基础上，安排不少于两周时间的阅读推广和阅读辅导活动；社区书屋、农家书屋要因地制宜地为居民进行阅读培训指导，开展不同书屋之间的借阅交流活动。各级各类书店要围绕全民阅读活动开展为期一个月的图书展销、读书讲座、购书优惠等活动；全省出版发行单位要与新媒体加强融合合作，积极推广移动阅读、网络阅读、电子阅读、电视阅读等方式，丰富群众阅读形式，扩大阅读受众范围。各级人民政府有关部门应当对文化惠民活动进行督促检查。

四、营造全民阅读的良好氛围。各级广播电台、电视台、报刊、互联网信息服务提供者和移动通信运营商，应当配合自阅读日开始的为期两个月的全民阅读活动，开辟专版专栏、采制专题节目、推介优秀读物、倡导阅读经典、组织阅读评论、刊播公益广告等方式参与阅读推广，营造全民阅读氛

让**阅读**成为一种生活方式

围。公务员、教师、作家、艺术家、科技工作者、新闻出版工作者等，应当带头发挥阅读示范作用，并积极参加促进全民阅读推广等活动。

五、建立和完善全民阅读的长效机制。县级以上人民政府应当将全民阅读设施建设纳入城乡规划，合理配置资源，提供便利服务。进一步完善各级各类公共图书馆服务体系，加快推进以基层综合文化服务中心、农家书屋、社区书屋、职工书屋为主体的全民阅读基础设施建设，健全城乡全民阅读公共服务体系。

深圳经济特区全民阅读促进条例

（2015年12月24深圳市第六届人民代表大会常务委员会
第四次会议通过）

第一章　总则

第一条　为了促进全民阅读，保障市民阅读权利，提高市民文明素质，根据有关法律、行政法规的基本原则，结合深圳经济特区实际，制定本条例。

第二条　深圳经济特区全民阅读促进工作适用本条例。

第三条　全民阅读促进工作遵循政府引导和社会参与相结合的原则，政府与社会各界协同提供全民阅读服务，积极推动全民阅读活动。

第四条　鼓励企事业单位、其他组织和个人开展全民阅读促进活动。
鼓励依法设立公益性阅读组织。

第二章　工作职责

第五条　市、区人民政府（含新区管理机构，以下统称市、区政府）应当将全民阅读促进工作纳入本级文化事业发展规划，建立全民阅读促进工作协调机制，为全民阅读设施建设和优秀出版物创作、出版和发行及各类全民阅读活动的开展，提供政策引导和统筹保障。

第六条　设立深圳市全民阅读指导委员会。
市全民阅读指导委员会由市宣传、文化、教育、财政、民政、人力资源和社会保障、卫生和计生等部门以及市总工会、共青团、妇联、文联、残联等组织组成，履行下列职责：

（一）指导拟定全市全民阅读发展纲要；

（二）规划、协调全市性全民阅读重大活动；

读书要四到：一是眼到，二是口到，三是心到，四是手到。　——胡适

（三）发布全民阅读评价指标体系和全民阅读指数；

（四）组织制定全民阅读水平测试标准；

（五）组织制定全民阅读基础书目和分类推荐书目评选办法，发布包括数字化出版物在内的全民阅读基础书目和分类推荐书目；

（六）开展其他全民阅读促进工作。

市全民阅读指导委员会办事机构设在市文化主管部门，负责市全民阅读指导委员会的日常工作。

第七条 市文化主管部门负责全市全民阅读促进工作，履行下列职责：

（一）组织拟定全市全民阅读发展纲要，报市政府批准后组织实施；

（二）推动阅读组织的建立和发展；

（三）组织和指导全民阅读活动；

（四）对全市全民阅读促进工作进行总结、评估，每年发布全民阅读促进工作白皮书；

（五）依照有关规定开展其他全民阅读促进工作。

区文化主管部门在市文化主管部门指导下，负责全民阅读促进工作。

市、区政府有关行政主管部门按照各自职责做好全民阅读促进工作。

第八条 全市全民阅读发展纲要应当包括下列内容：

（一）公共图书馆、大型实体书店等阅读设施规划及相关阅读资源配置；

（二）阅读组织培育和阅读服务专业人才培养；

（三）重点扶持的全民阅读项目；

（四）未成年人阅读推广计划；

（五）数字化阅读服务；

（六）阅读统筹保障；

（七）其他促进全民阅读的有关内容。

第九条 制定全市全民阅读发展纲要和全民阅读促进活动计划应当广泛征求意见；实施情况应当向社会公开，接受社会监督。

第十条 市总工会、共青团、妇联、文联、残联等组织应当按照全市全民阅读发展纲要的要求和市全民阅读指导委员会的意见，指导相关各级组织开展全民阅读促进工作。

全市全民阅读发展纲要实施情况纳入前款组织的工作考核内容。

第十一条 公共图书馆应当组织开展全民阅读相关促进活动，履行下列职责：

（一）利用各种形式倡导、推广阅读；

让*阅读*成为一种生活方式

（二）开展阅读能力辅导，举办或者参与阅读推广培训；

（三）设置未成年人阅览室或者阅读区域，提供适合未成年人的阅读资源及服务；

（四）在基本公共服务范围内指导机关、企事业单位和其他组织开展全民阅读活动；

（五）推荐优秀读物。

第三章　阅读推广

第十二条　鼓励具有阅读推广专业知识和阅读推广实践经验的阅读组织和个人作为阅读推广人，为企业、学校、社区、养老院、福利院、军营等单位提供公益性阅读推广服务。

第十三条　市、区文化主管部门可以组织培训阅读推广人，为阅读推广人开展公益性阅读推广活动提供必要的支持和保障。

第十四条　市、区教育主管部门应当指导中小学校、中等职业学校、幼儿园等开展阅读活动，开设或者调整相关课程，传授阅读技巧，培养阅读兴趣，提高阅读能力。

第十五条　市、区教育主管部门应当指导中小学校开展阅读水平测试，每年向社会发布中小学生阅读水平情况报告。

第十六条　市、区文化主管部门应当会同市、区教育主管部门在中小学校、公共图书馆等场所组织开展面向未成年人的阅读促进活动，指导未成年人开展课外阅读。

第十七条　市、区文化主管部门应当组织指导公共图书馆、文化站（综合文化服务中心）等机构，开展图书、音像制品、数字化阅读资源的交换、捐献、赠与等活动。鼓励机关、企事业单位、其他组织和个人开展上述活动。

第十八条　每年11月为深圳读书月。

深圳读书月活动采取政府倡导、专家指导、社会参与、企业运作、媒体支持的机制举办。

深圳读书月组织机构可以在读书月组织、指导、协调集中开展下列活动：

（一）评选全民阅读先进典型，推广相关经验；

（二）读书交流；

（三）阅读进社区、进学校、进企业等；

（四）其他全民阅读促进活动。

第十九条　每年4月23日为深圳未成年人读书日。

市、区政府有关行政主管部门、共青团等应当在深圳未成年人读书日组

书好比美丽的园子，园子里什么都有：有的叫人见了舒服，有的对人有用处。　——［苏联］高尔基

织开展未成年人阅读促进活动；公共图书馆、中小学校、幼儿园等应当开展未成年人阅读及交流活动。

鼓励企事业单位、其他组织和个人开展各种形式的未成年人阅读促进活动。

<h2>第四章　阅读保障</h2>

第二十条　市、区政府应当将全民阅读基本公共服务所需经费纳入本级年度财政预算。

第二十一条　市政府可以发起成立公益性全民阅读基金。鼓励企事业单位、其他组织和个人参与或者捐赠全民阅读基金。

全民阅读基金用于下列活动：

（一）扶持公益性阅读组织；

（二）培训阅读推广人；

（三）实施社区阅读、未成年人阅读及特殊群体阅读服务计划；

（四）组织阅读能力测评、阅读调查及阅读研究；

（五）其他全民阅读促进活动。

第二十二条　市、区政府有关行政主管部门可以根据市政府相关规定对下列全民阅读促进活动予以经费补贴：

（一）企事业单位、其他组织和个人在工业区（产业园区）、社区及非公立学校等兴建图书馆（室）、阅览室等公共阅读设施的；

（二）非公共图书馆、阅览室等阅读设施向市民免费开放的；

（三）实体书店开展公益性阅读推广活动的；

（四）出版和发行盲文、大字本等针对特定对象的出版物的；

（五）研究开发数字化图书阅读新项目的；

（六）网络运营商、移动通讯运营商等通过自身平台向市民免费提供数字化图书资源的；

（七）为有需要的新生儿家庭赠送婴幼儿读物、育儿指导用书等阅读资源的；

（八）其他需要补贴的全民阅读促进活动。

第二十三条　公共图书馆和各类学校图书馆应当根据服务对象的具体情况，将市全民阅读指导委员会发布的全民阅读基础书目部分或者全部纳入采购计划。

第二十四条　各级工会、共青团等组织应当安排专项经费用于相关阅读促进活动。

第二十五条　市政府应当建设全市统一的数字化图书服务平台，增加数字化图书阅读资源，丰富数字化图书阅读服务内容。

第二十六条　新建、扩建、改建博物馆、美术馆、展览馆、青少年宫等文化场所，应当按照有关规范要求提供公共阅读空间及相应阅读设施。

新建、扩建、改建住宅区应当按照相关规定配套建设公共阅读设施。

机场、车站、码头等人员流动较大的公共场所应当因地制宜规划建设公共阅读设施。

鼓励机关、企事业单位、其他组织和个人设立图书室、阅览室、书刊架等公共阅读设施。

第二十七条　公共阅读设施建设单位应当加强对公共阅读设施的维护和管理，保障其正常使用。

任何单位和个人不得侵占、损坏或者擅自拆除公共阅读设施，不得擅自改变公共阅读设施的性质和功能或者缩小公共阅读设施的规模。

根据城市规划确需拆除现有公共阅读设施或者改变其功能的，应当遵循先建设后拆除或者建设拆除同时进行的原则，科学合理选址，并按照不低于原有规模和标准重新规划和建设。

第五章　附则

第二十八条　本条例自2016年4月1日起施行。

四季读书歌·春

（民国·熊伯伊）

春读书，兴味长，磨其砚，笔花香。
读书求学不宜懒，天地日月比人忙。
燕语莺歌希领悟，桃红李白写文章。

富有真理的书是万能的钥匙，什么幸福的门用它都可以打开。——吴伯萧

后 记

　　"全民阅读"活动，是中央宣传部、中央文明办和新闻出版广电总局贯彻落实党中央关于建设学习型社会、建设文化强国这一要求的重要举措，全国性的全民阅读活动已经成为文化强国建设道路上的一道亮丽风景。为了进一步推动四川的"全民阅读"活动，提升四川民众的精神文化素质，建设文化强省，我们组织编写了《让阅读成为一种生活方式》这本小书。

　　书稿是在省委宣传部、省新闻出版广电局、省全民阅读活动指导委员会办公室有关领导和职能部门的组织指导下完成的。本书的具体编写和出版工作由四川人民出版社负责，新华文轩出版传媒股份有限公司给予了指导和支持，四川读者报社参与组织和写作。本书前三章由读者报社张黎玥执笔，第四章由四川人民出版社江澄执笔，四川人民出版社负责统稿并为全书增加了名人读书名言和读书故事等链接。其间经过多次讨论、修改，是参与该项工作的十多位领导和工作人员集体心血的结晶。

　　本书作为全省各地开展全民阅读活动的一本资料性参考书，其编写目的是期望为全民阅读活动提供一些有益的启发和

让阅读 成为一种生活方式

借鉴；同时，也为四川民众提供一本了解四川全民阅读、支持和参与全民阅读活动、提升自身素养和能力的通俗读物。由于本书编写时间仓促，加之编者水平有限，难免有不妥之处，诚请广大读者批评指正。

编　者

2016年12月5日

观　书

（明·于谦）

书卷多情似故人，晨昏忧乐每相亲。

眼前直下三千字，胸次全无一点尘。

活水源流随处满，东风花柳逐时新。

金鞍玉勒寻芳客，未信我庐别有春。

勤学如春起之苗，不见其增，日有所长；辍学如磨刀之石，不见其损，日有所亏。 ——（晋）陶渊明

图书在版编目（CIP）数据

让阅读成为一种生活方式 / 中共四川省委宣传部，四川省新闻
出版广电局，四川省全民阅读活动指导委员会办公室组织编写.
— 成都：四川人民出版社，2016.12
ISBN 978-7-220-09991-5

Ⅰ.①让… Ⅱ.①中… ②四… ③四… Ⅲ.①读书活动
—文集 Ⅳ.① G252.17-53

中国版本图书馆CIP数据核字（2016）第283331号

RANG YUEDU CHENGWEI YIZHONG SHENGHUO FANGSHI

让 阅 读 成 为 一 种 生 活 方 式

中 共 四 川 省 委 宣 传 部
四 川 省 新 闻 出 版 广 电 局 组织编写
四川省全民阅读活动指导委员会办公室

责任编辑	董 玲 江 澄
封面设计	张迪茗
内文设计	戴雨虹
责任印制	祝 健
出版发行	四川人民出版社（成都市槐树街2号）
网　址	http://www.scpph.com
E-mail	scrmcbs@sina.com
新浪微博	@四川人民出版社
微信公众号	四川人民出版社
发行部业务电话	（028）86259624　86259453
防盗版举报电话	（028）86259624
照　排	四川胜翔数码印务设计有限公司
印　刷	四川华龙印务有限公司
成品尺寸	165mm×235mm
印　张	13.5
字　数	180千
版　次	2016年12月第1版
印　次	2016年12月第1次印刷
书　号	ISBN 978-7-220-09991-5
定　价	58.00元